소프트웨어 이해와
컴퓨팅적 사고
–스크래치 3.0 활용–

서병민 · 임순빈 · 김보경 공저

COS 스크래치 2급 모의고사 수록

YOUNG MIN PUBLISH
도서출판 영민

머리말

세계적으로 교육 선진국들은 소프트웨어 코딩교육을 발 빠르게 도입 발전시켜 가고 있다. 이는 과거 18세기 산업혁명 때 영국이 수학을 필수 과목으로 지정한 배경과 일맥상통한다고 하겠다. 즉, 농업사회에서 산업사회로 바뀔 때 정량적·수치적·논리적 사고 능력을 갖춘 인재가 필요했기에 수학 교육을 보편화 한 것처럼 미래 디지털 경제 사회에 필요한 인재를 코딩 교육으로 기르자는 취지인 것이다. 오늘날 지식정보화 사회에서는 IT가 사회에 차지하는 비중이 커지고 있으며 그에 부합한 창의력, 사고력, 논리력을 갖춰야 하는 것이다.

특히 우리나라에서도 소프트웨어 코딩교육을 통하여 컴퓨팅적 사고력 또는 컴퓨팅적 문제해결력을 향상시켜 개인 및 국가의 경쟁력을 높이기 위한 교육에 관심을 기울이고 있다. 2018년부터 SW교과목을 단계적으로 필수교과로 지정하여 2020년까지 초중등생에 대한 SW교육을 통해 창의적 아이디어를 SW로 구현할 수 있는 문제해결력을 갖춘 '미래형 창의인재'를 양성하고, 대학교육에서도 산업계의 수요에 부응하고자 대학 재정지원사업의 활용과 'SW중심대학' 운영 등을 통하여 SW기반의 문제해결력을 갖춘 인재 양성에 힘을 기울이고 있다.

이러한 소프트웨어 코딩교육에서는 단순히 코딩 자체를 배우는 프로그램 전문가를 육성하는 것이 아니라 컴퓨터 기술을 활용하여 문제를 보다 효율적이고 창의적으로 해결할 수 있도록 하는 컴퓨팅적 사고력 또는 컴퓨팅적 문제해결력을 길러주는 것이 가장 중요하다. 이러한 목적의 소프트웨어 코딩 언어로는 초보자나 비전공자들도 쉽게 접근할 수 있는 비주얼 기반의 교육용 프로그래밍 언어인 스크래치나, 엔트리 등이 많이 활용된다.

본서는 비주얼 프로그래밍 언어인 스크래치를 활용하여 소프트웨어 코딩을 이해하고 컴퓨팅적 사고력 또는 컴퓨팅적 문제해결력의 향상을 원하는 분들을 위한 소프트웨어 코딩 입문서이다. 특히, 초중고교의 SW 방과 후 학습이나, 대학의 신입생 또는 비전공자의 교양교육을 위한 교재를 목적으로 집필되었으며, 스크래치 프로그램(Scratch Program) 활용능력 평가시험인 COS(Coding Specialist) 시험에도 대비할 수 있도록 하였다.

이 책은 프로그래밍 언어에 대한 기본 개념 및 프로그램의 실행 방법에 대한 설명과 교육용 프로그램 언어인 스크래치에 대해 다룬다. 스크래치의 블록 설명과 순차구조, 조건구조, 반복구조, 변수와 리스트, 추가블록, 알고리즘에 대한 개념 설명과 그에 따른 예제로 구성되었다. 또한 마지막 두 장에서는 스크래치의 응용으로 확장기능을 통한 하드웨어 연결하기와 스크래치로 애니메이션을 구현해 보는 내용을 다루었으며, COS(Coding Specialist) 시험을 대비할 수 있도록 자세한 안내와 모의고사도 수록하였다.

끝으로 이 책을 통하여 소프트웨어 코딩에 대한 입문 및 향후 엔트리, 아두이노, 파이썬 등의 다른 코딩언어들과 함께 컴퓨팅적 사고와 관련한 다양한 주제들에 쉽게 접근할 수 있는 계기가 되기를 바라며, 이 책을 완성하기까지 적극적으로 도와주신 도서출판 영민의 김명환사장님과 최인노선생님을 비롯한 여러 임직원분들께도 크나큰 감사의 마음을 전한다.

2019년 봄이 오는 길목에서

서병민, 임순빈, 김보경 저자 일동

목차

Chapter 01

프로그래밍 언어

Note

1. 프로그래밍 언어의 개념

프로그램을 작성할 때 사용하는 언어를 프로그래밍 언어라고 한다.

프로그램 언어는 사용자가 이해할 수 있는 언어로 작성되어 있다. 하지만 컴퓨터는 0과 1로 된 2진수 형태의 기계어만 처리할 수 있으므로 인간이 이해하기 힘들다. 따라서 인간이 이해하기 쉬운 프로그램을 개발하는데 사용되는 언어를 프로그래밍 언어라고 한다.

프로그래밍 언어의 종류는 매우 다양하고 사용하는 목적에 따라 다른 언어를 사용한다.

프로그래밍 언어를 사용하여 프로그램을 만드는 과정을 프로그래밍이라고 하고, 프로그램을 작성하는 사람을 프로그래머라고 한다.

2. 저급언어와 고급언어

프로그래밍 언어는 기계어와 유사한 저급언어(low-level language)와 인간이 이해할 수 있는 자연어와 유사한 고급언어(high-level language)로 나뉜다.

저급언어는 기계어와 어셈블리어가 있으며 고급언어는 C, C++, Java, Basic, Lisp, Scratch, Entry, Python등 다양하다.

1) 저급언어

기계어는 0과 1로만 이루어진 2진수 형태의 언어로 인간이 이해하기 어렵고 하드웨어에 대한 직접적인 제어가 가능하다.

어셈블리어는 0과 1로 이루어진 집합을 load, add, mov, call, cmp등의 문자나 기호로 표현한 언어로 하드웨어 구조에 익숙한 사람이 아니면 쓰기 어렵다. 주기억장치, 레지스터, 마이크로 프로세서, 입출력 포트 등 하드웨어 장치를 직접 제어할 때 유용하게 사용되어진다.

2) 고급언어

고급언어는 하드웨어의 기술적 요소를 몰라도 쉽게 작성하고 수정할 수 있다.

if, while, print, 십진수 숫자, +, -, *, /, =, <, > 등 일상생활에서 사용하는 단어들과 기호들을 그대로 사용할 수 있다.

기계어나 어셈블리어의 저급언어는 기억장소의 주소를 정확히 알아야 하지만 고급언어는 데이터를 사용할 때 번지 대신 변수라는 이름으로 기억장소에 접근하기 때문에 기억장소의 주소를 알 필요가 없다. 또한 하나의 명령으로 다수의 동작을 지시할 수 있다.

기계어	어셈블리어	고급 언어
10100011 11001100	LD R AX	n = input( )
10100100 01001001	MV R 2	if n>70
10101011 11001100	LD R BX	then print "Success"
11110100 01000001	AD R	else
00110100 01000101	JMP /LBL 2	print "Fail"

〈기계어/어셈블리어/고급언어 비교〉

확인해 봅시다!

[확인 1-01]
우리가 사용하는 고급언어의 종류는 무엇이 있을지 생각해보시오.

3. 프로그램의 실행

고급 프로그램 언어로 작성한 원시 프로그램(source program)은 컴퓨터에서 곧바로 실행할 수 없다. 원시프로그램을 컴퓨터가 알 수 있는 기계어로 바꾸어 주는 작업이 필요하다. 이러한 일련의 과정을 거쳐 실행 가능한 프로그램이 만들어지며, 이러한 과정에서 언어번역프로그램이 실행된다.

언어번역 프로그램은 어셈블러, 컴파일러와 인터프리터가 존재하며 어셈블러는 어셈블리어로 작성한 프로그램을 기계어로 변경해주는 언어번역기이다.

컴파일러는 원시 프로그램 전체를 기계어로 한번에 번역하여 실행하며 컴파일러에 의해 생성된 기계어 프로그램을 목적프로그램이라고 한다. 이 목적프로

Note

Note

그램은 로더에 의해 메모리에 옮겨져 실행되어 결과값을 출력한다.

인터프리터는 원시프로그램을 실행 순서에 따라 명령어 단위로 한 행씩 번역하며 실행한다.

컴파일러 방식은 원시 프로그램을 기계어로 된 목적프로그램으로 번역하고 실행하므로 실행속도가 빠르지만 프로그램 일부를 수정해야 되는 경우에도 전체를 다시 컴파일해야 하는 단점이 있다. 반면 인터프리터 방식은 목적 프로그램을 만들지 않고 한 문장씩 읽어와 실행하므로 프로그램 실행 속도가 컴파일러보다 느리고 원시 프로그램이 수정될 때마다 프로그램 전체를 번역할 필요가 없어 편리하고 프로그램을 바로 실행하여 결과를 볼 수 있다는 특징이 있어 베이직, 스크래치와 엔트리 같은 교육용 프로그래밍 언어가 이 방식을 사용한다.

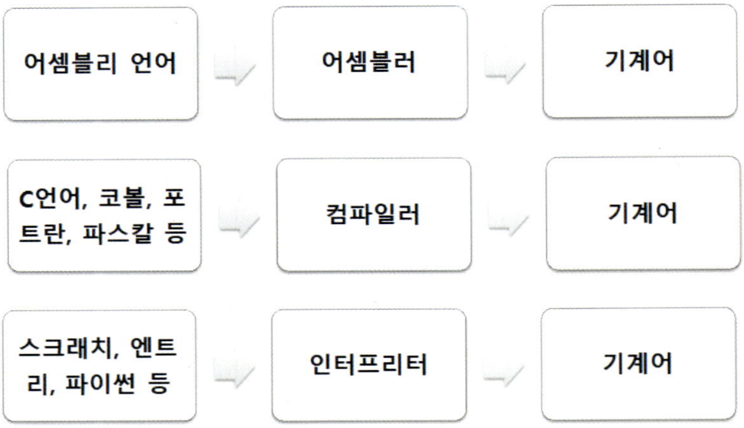

〈언어에 따른 번역방식〉

특징 \ 방식	컴파일러	인터프리터
번역방법	프로그램 전체 번역	명령어 단위로 번역
장점	실행할 때마다 번역할 필요가 없어 실행속도가 빠름	큰 기억장치가 필요없고 번역과정이 간단함
단점	원시코드 수정시 다시 번역해야 함	반복문이나 서브 프로그램의 경우 실행 시간이 길어짐
결과물	목적 프로그램	실행의 결과
사용언어	C, 코볼, 포트란, 파스칼 등	베이직, 스크래치, 엔트리, 파이썬 등

〈컴파일러와 인터프리터 방식 비교〉

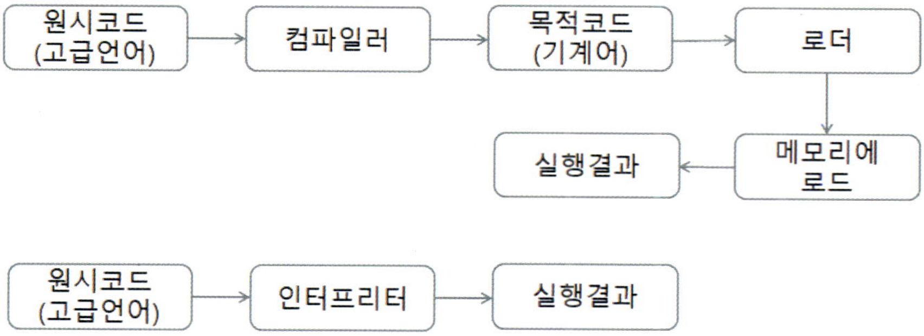

〈컴파일러과 인터프리터를 이용한 번역방식〉

Note

4. 알고리즘(Algorithm)

1) 알고리즘이란

알고리즘은 어떠한 문제를 해결하기 위한 논리적인 절차로 여러 동작들의 모임이다. 유한성을 가지며, 언젠가는 끝나야 하는 속성을 가지고 있다. 이것은 컴퓨터 프로그램 작성의 기초가 된다.

알고리즘 설계 없이 곧바로 프로그램을 만들면 생각지 못한 오류사항이나 예외사항이 발생할 수 있다.

알고리즘의 표현은 자연어(일상언어), 의사코드, 순서도(흐름도), 프로그래밍 언어 등 다양하게 표현이 가능하다.

그 중 순서도는 알고리즘 표현 방법 중 가장 많이 사용되며, 특정기호를 사용하여 표현하므로 절차나 흐름을 이해하기 쉽고 표현이 명료하다.

2) 알고리즘을 통한 문제 해결

알고리즘은 문제를 해결하기 위한 체계적이고 순서적인 절차로 논리적 표현으로 변환하면 의사코드나 순서도로 변환할 수 있다. 이것을 프로그래밍 언어로 변환하는 코딩 과정을 거쳐 최종적으로 컴퓨터 프로그램을 실행하여 결과를 얻을 수 있다.

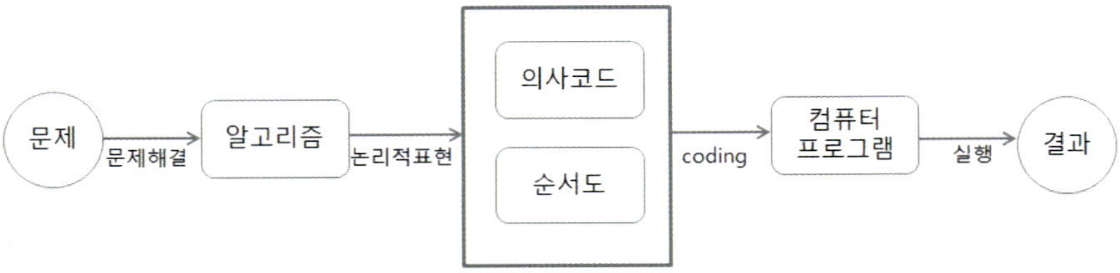

〈알고리즘을 이용한 문제해결 절차〉

3) 알고리즘의 조건

① **입력** : 외부에서 제공되는 자료가 0개 이상 존재해야한다. (입력은 없을 수 도 있음)

② **출력** : 적어도 1개 이상의 결과를 내어야 한다.

③ **명확성** : 수행 과정은 명확해야 하고 모호하지 않은 명령어로 구성되어야 한다.

④ **유한성(종결성)** : 알고리즘의 명령대로 수행하면 한정된 단계를 처리한 후에 종료된다.

⑤ **효과성** : 모든 과정은 명백하게 실행 가능(검증 가능)한 것이어야 한다.

4) 알고리즘 표현

① 자연어(Natural Language)로 표현하기

정해진 기호 없이, 특별한 형식 없이 일상 언어로 알고리즘을 표현하는 방법이다. 자유로운 표현 방식이기 때문에 작성한 본인은 이해를 하기 쉬우나, 다른 사람이 이해하기 어려운 점도 있다.

② 의사코드(Pseudo Code)로 표현하기

사고의 흐름을 간결하고 효과적으로 전달하기 위해 표현하는 방법으로 알고리즘의 각 단계를 프로그래밍 언어와 비슷한 형태로 풀어 써 놓은 것으로서 실제 프로그래밍에서는 다시 코딩해야 한다.

③ 순서도(Flow Chart)로 표현하기

문제를 해결하는데 필요한 논리적인 단계들을 그림으로 표현한 것으로 정해진 기호를 사용하여 알고리즘을 명확하게 표현할 수 있다. 그러나 규모가 큰 알고리즘은 한 번에 그리기가 어려우므로 연결자 기호를 사용하여 나누어 그리거

Note

Tip
연결자 기호로는 원 도형이나 아래를 가리키는 오각형 도형이 사용된다.

나 다른 페이지로 넘어갈 수 있다.

Note

가. 순서도 작성의 일반적인 규칙

- 전체의 흐름을 명확하게 하여 알아볼 수 있도록 작성한다.
- 표준 기호를 사용하여 간단하고 명료하게 표현한다.
- 기호 내부에 처리할 내용을 간략하게 기입한다.
- 위에서 아래로, 왼쪽에서 오른쪽 방향으로 작성한다.
- 과정이 길고 복잡하면 나누어서 작성하고 연결자로 연결한다.

나. 순서도의 3가지 표현 방법

- 순차형 : 동작을 순서에 맞게 차례로 실행
- 선택형 : 조건에 맞는 동작 하나를 선택하여 실행
- 반복형 : 정해진 조건에 도달할 때 까지 반복적인 동작을 수행 (Loop)

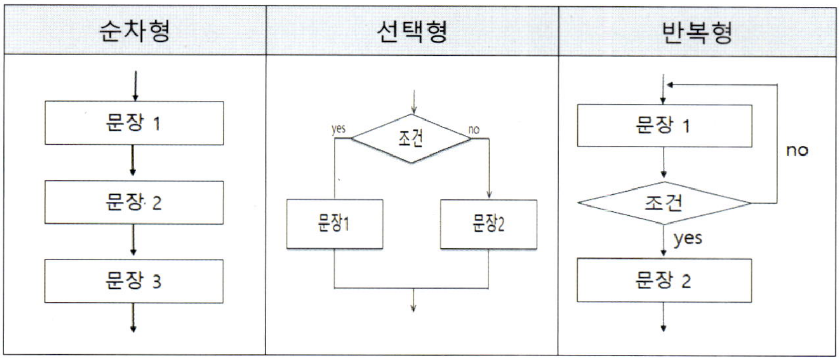

다. 순서도의 기호(Symbols)

순서도 작성 시 필요한 기호는 국제 표준화 기구 1965년 10월 SC7 총회에서 표준안으로 결의된 기호를 사용한다. 순서도의 기호들은 총 30개이며 기본 기호, 프로그래밍 관련 기호, 시스템 관련 기호 3가지 종류로 나뉠 수 있다. 다음의 표는 자주 사용하는 순서도의 기호들을 나타낸다.

기호	이름	의미
	단자(Terminal)	순서도의 시작과 끝을 표시
	준비(Preparation)	변수의 선언 및 초기값 부여, 배열 선언
	처리(Process)	값을 계산하거나 대입하는 기호
	판단(Decision)	참과 거짓을 판단하거나 조건에 맞는 경로로 분기
	수동입력(Console)	키보드를 이용한 수동입력
	입출력(input/output)	데이터의 입력과 출력
	문서(Document)	처리된 결과를 프린터로 출력
	흐름선(Flow Line)	각종 처리 기호의 처리 흐름을 연결
	연결자(Connector)	다른곳으로의 연결을 표시
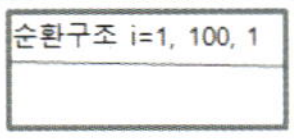	순환구조(Loop)	i가 1부터 100까지 1씩 증가하면서 반복문 내의 명령문 수행. 증가치는 1일때 생략가능

예제 1 온도 변환하기

섭씨온도를 화씨온도로 변환하기

whasi = (supsi × 9) / 5 +32

순서도 표현	의사코드 표현
섭씨온도가 20도일 때의 순서도	섭씨온도가 20도일 때의 의사코드

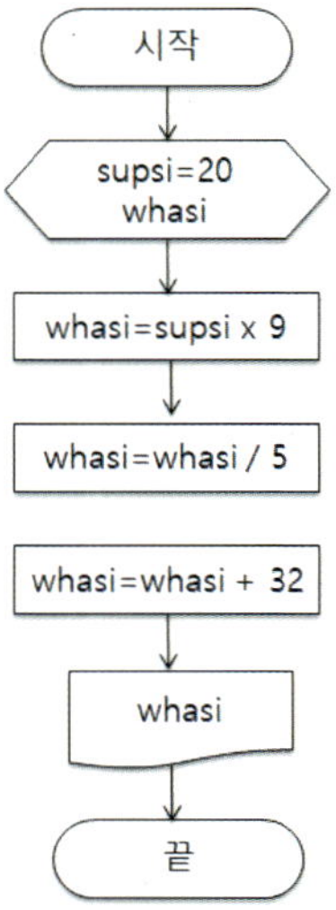


```
supsi = 20
whasi = supsi × 9
whasi = whasi / 5
whasi = whasi +32
print whasi
```

예제 2 1부터 10까지 숫자를 더하여 출력

순서도 표현	의사코드 표현

1부터 10까지 더하여 출력하는 순서도
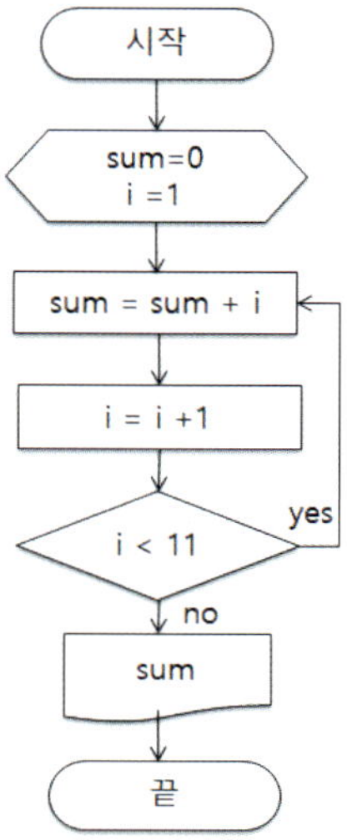
 	
	1부터 10까지 숫자를 더하는 의사코드
	
	sum = 0
	i =1
	begin
	  sum = sum + i
	  i = i +1
	if i is not 11 goto begin
	print sum

예제 3 점수에 따른 결과 출력

순서도 표현	의사코드 표현

점수에 따른 결과를 출력하는 순서도
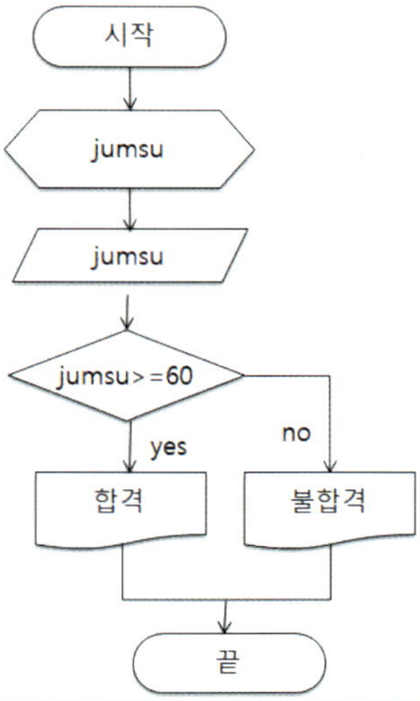
 	
	점수를 입력받아 결과를 출력하는 의사코드
	
	jumsu ← 점수입력
	if jumsu >= 60 then
	  print "합격"
	else
	  print "불합격"

Note

Note

실습하기 **순서도와 의사코드로 표현하기**

① 두 수 교환하기

두 숫자를 입력 받아 두 수를 서로 교환하여 출력하는 알고리즘을 순서도로 표현하시오.

순서도 표현	의사코드 표현
	num1 ← 숫자 입력 num2 ← 숫자 입력 temp ← num1 num1 ← num2 num2 ← temp print num1, num2

② 홀수, 짝수 판별하기

숫자를 입력받아 수가 홀수인지 짝수인지를 판별하는 알고리즘을 의사코드로 표현하시오.

- 홀짝수 구별법 : 수를 2로 나누어 나머지가 0이면 짝수, 나머지가 1이면 홀수 판별

순서도 표현	의사코드 표현
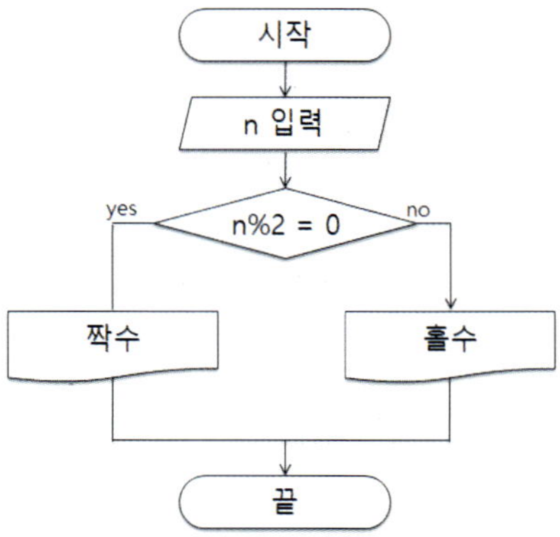 	

5. 스크래치(Scratch)

스크래치(Scratch)는 미국의 매사추세츠 공과대학(MIT) 미디어랩에서 2007년에 개발한 무료 교육용 프로그램 언어로 누구나 쉽게 프로그램을 배울 수 있도록 개발하였다.

그래픽 환경을 통해 블록을 끌여당겨 탑을 쌓는 것처럼 코딩을 할 수 있기 때문에 처음 프로그램을 해보는 입문자에게 권하는 프로그래밍 언어이다.

스크래치는 애니메이션, 그림, 사운드등 다양한 미디어를 지원하고 있어 다양한 게임이나 애니메이션등 재미있는 프로그램을 만들 수 있고, 작품을 다른 사람과 공유도 할 수 있다.

스크래치는 기본적인 컴퓨터 프로그래밍을 소개하는 수단으로 전 세계의 학교에서 사용된다. 스크래치 프로그래밍의 기본 원리를 이해하고 프로그래밍을 통해 논리적인 사고 및 창의적 사고를 확장시킬 수 있다.

스크래치의 가장 큰 특징은 마우스로 블록을 끌어 연결하여 쉽게 프로그래밍을 할 수 있어 처음 배우는 학습자에게 코딩의 부담감을 줄여줄 뿐 아니라 비슷한 명령을 수행하는 블록이 동일한 색상으로 구분되어 프로그래밍을 이해하기 쉽고, 프로그래밍의 오류를 줄여 줄 수 있다.

최근 소프트웨어 교육 열풍은 국내뿐만 아니라 전세계적으로 불고 있다. 이러한 열풍 속에서 주어진 명령어 블록 중 필요한 블록을 끼워 맞추며 프로그래밍하는 새로운 패러다임을 제시한 스크래치는 늘어나는 소프트웨어 교육 수요를 충당하고 있다.

전세계적으로 가장 사랑받고 있고 자료의 풍부함과 결과물을 공유할 수 있는 커뮤니티가 활성화 되어 있어 날로 영향력이 커지고 있다.

Note

6. 스크래치 시작하기

1) 스크래치 가입하기

① 웹브라우저 주소창에 http://scratch.mit.edu 를 입력해 스크래치 웹사이트를 방문한다.

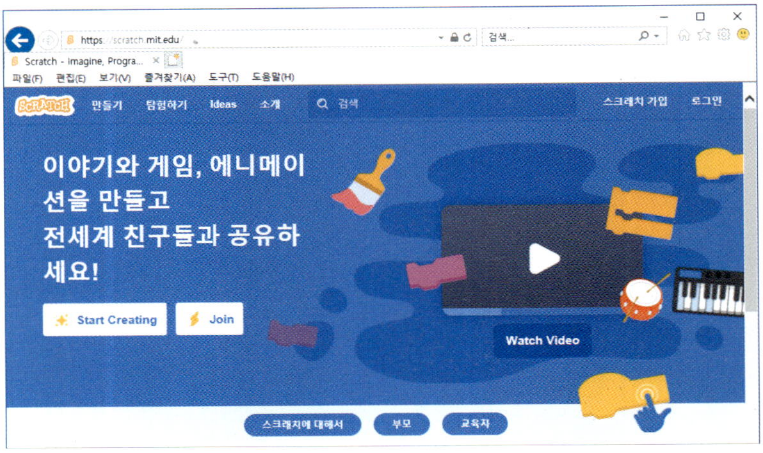

② 스크래치 가입 버튼을 눌러 사용자 이름과 비밀번호를 입력하고 [다음] 버튼을 누른다.

③ 생년월일, 성별, 국가의 정보를 입력하고 [다음] 버튼을 누른다.

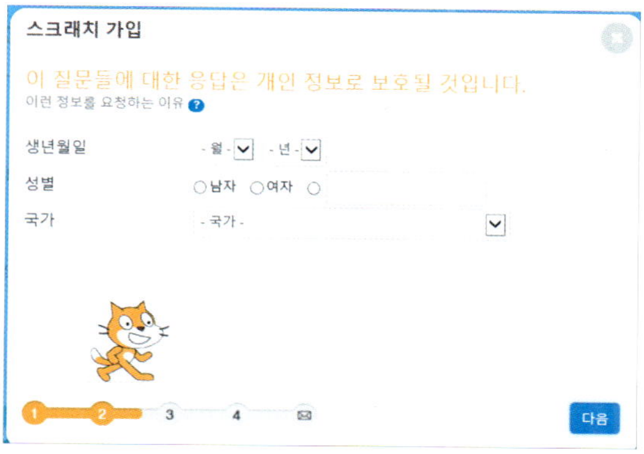

④ 이메일 주소를 입력하고 [다음] 버튼을 누른다.

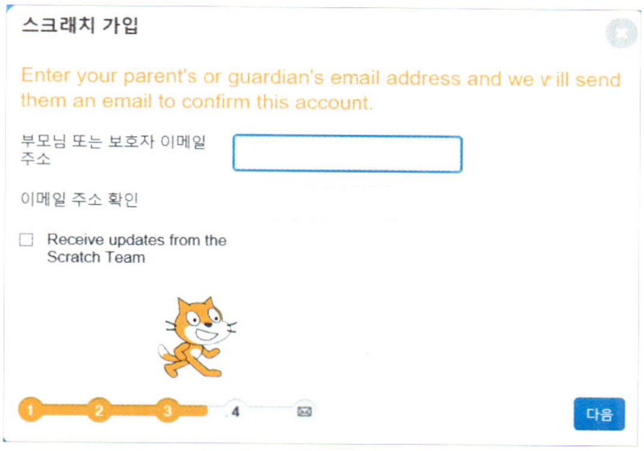

⑤ 스크래치 가입이 완료되면 사용자 이름과 이메일 주소 확인하고 스크래치를 시작한다.

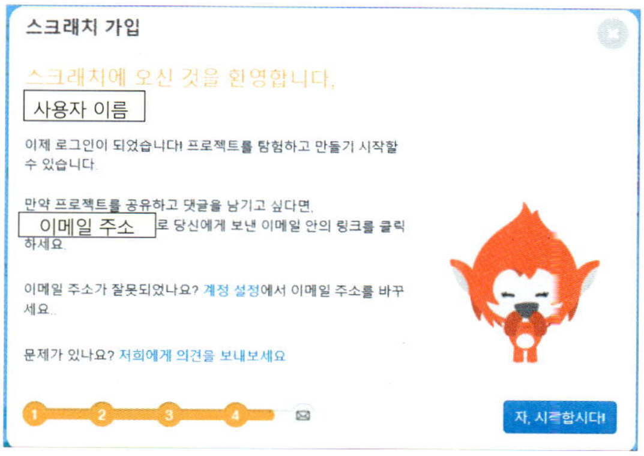

Note

Note

2) 스크래치 설치하기

① 웹브라우저 주소창에 http://scratch.mit.edu/download 를 입력해 스크래치 다운로드 사이트를 방문한다.

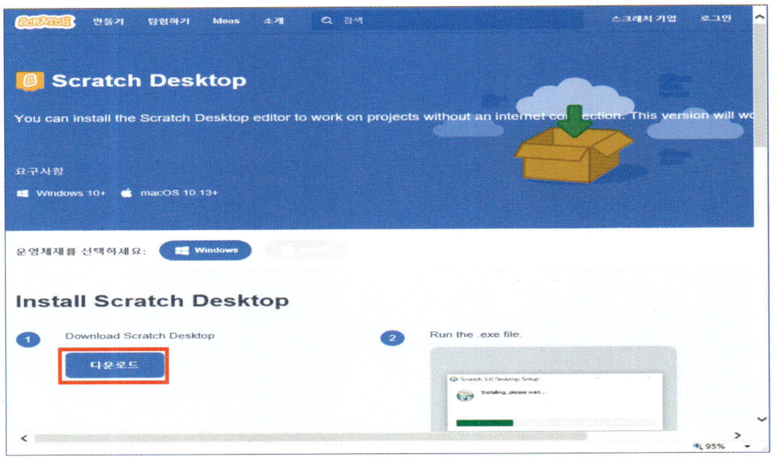

Windows 운영체제를 선택하고, Download Scratch Desktop을 다운로드하여 컴퓨터에 설치한다.

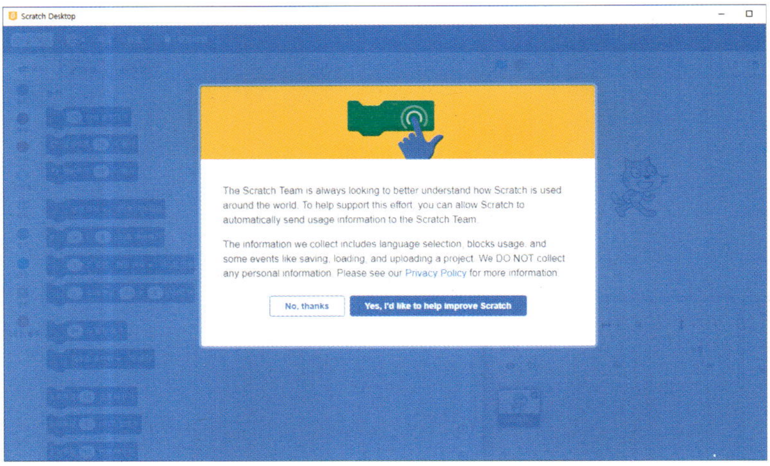

정상적으로 스크래치 프로그램이 설치되었으면 바탕화면에 Scratch Desktop 바로가기 아이콘이 나타난다.

Tip
바탕화면의 바로가기 아이콘을 확인해본다.

② 바탕화면의 스크래치 아이콘을 더블클릭해 스크래치를 실행하고 언어를 한국어로 선택하여 메뉴를 한국어로 변경한다.

Note

3) 스크래치 화면구성

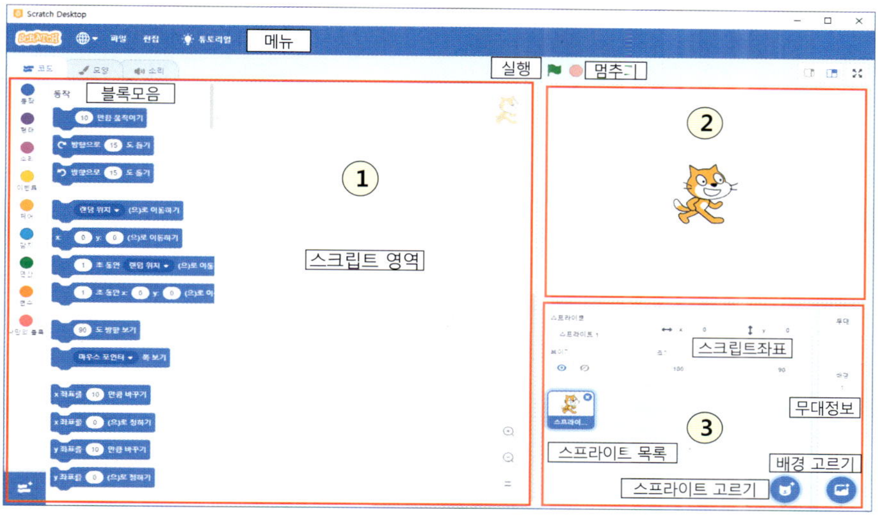

메인 메뉴바

메뉴 : 언어선택, 파일, 편집, 튜토리얼 기능을 사용할 수 있다.

① **작업영역** : 무대를 클릭하면 스크립트 배경, 소리 탭이 표시되고, 스프라이트를 클릭하면 스크립트, 모양, 소리 탭이 표시된다.

가. 블록모음 : 프로그램 작성을 위한 다양한 기능의 블록을 표시한다.

- 동작, 형태, 소리, 이벤트, 제어, 감지, 연산, 변수, 나만의 블록으로 구성되어지며 각 범주의 블록은 색상을 다르게 표시한다.
- 스크립트 영역 : 블록을 이용해 스크립트를 작성하는 곳이다.

② **실행 창** : 무대 및 스프라이트에 부여한 스크립트 명령을 실행하여 화면으로 표시한다.

③ **스프라이트 및 무대** : 무대의 배경 그림과 무대에 등장하는 이미지를 나타내는 스프라이트를 표시한다.

가. 스프라이트 목록 : 프로젝트에 포함된 스프라이트들을 보여주고, 스프라이트 정보를 표시한다.

- 스프라이트 이름 : 스프라이트 이름으로 사용자에 의해 변경될 수 있다.
- 위치와 방향 : 현재 스프라이트의 좌표 위치와 방향을 보여주며 원하는 방향으로 수정할 수 있다.
- 회전 방식 : 스프라이트 방향을 회전 또는 좌우로만 회전, 회전이 불가능 등으로 설정할 수 있다.

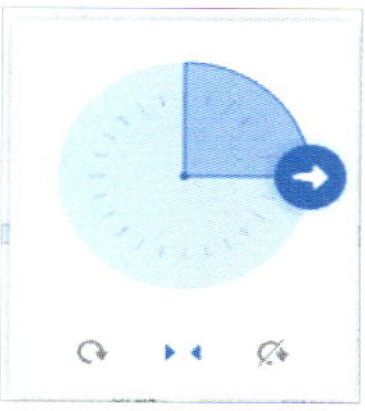

- 크기 : 스프라이트의 크기를 조정할 수 있다.
- 보이기 : 스프라이트를 표시 또는 숨길 수 있다.

나. 스프라이트 고르기

- 스프라이트 업로드하기

  컴퓨터에 저장된 그림을 스프라이트로 사용하기 위해 불러올 수 있다.

Note

Note

• 서프라이즈

스크래치 프로그램에서 제공하는 임의의 스프라이트가 추가된다.

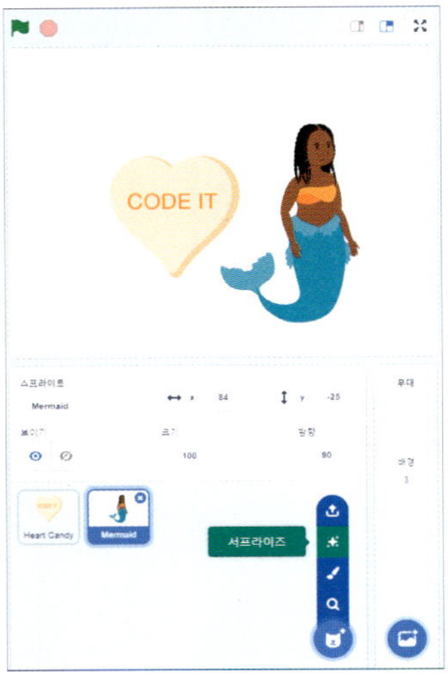

• 그리기

팔레트 영역의 [모양]탭이 자동으로 표시되며 새로운 모양의 스프라이트를 직접 그릴 수 있다.

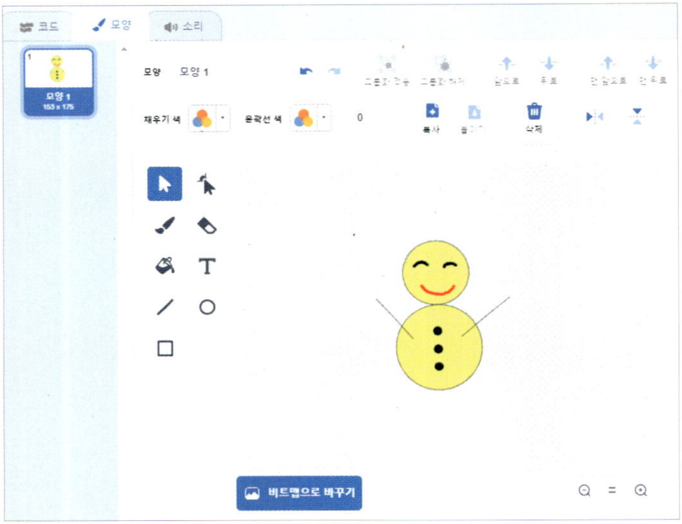

- 스프라이트 고르기

  스크래치 프로그램에서 제공하는 스프라이트 저장소에서 원하는 스프라이트를 검색하거나 목록별로 선택하여 가져올 수 있다.

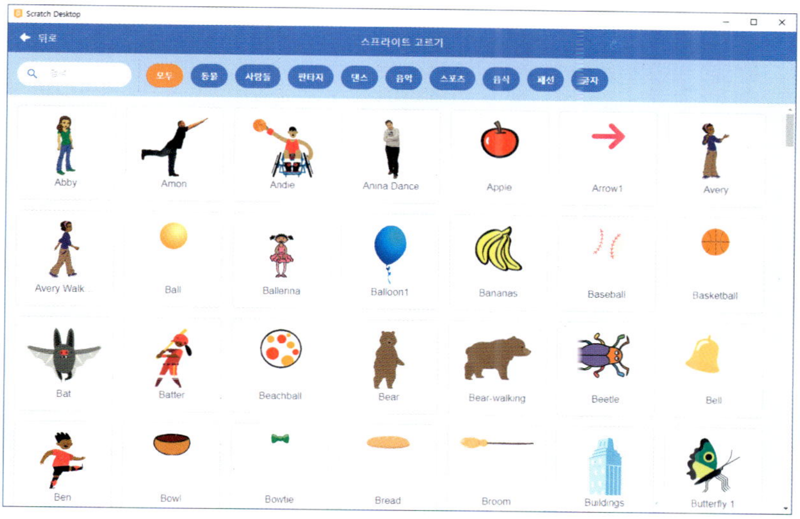

다. 배경 고르기

현재 무대 배경을 보여주고 새로운 배경을 선택할 수 있다.

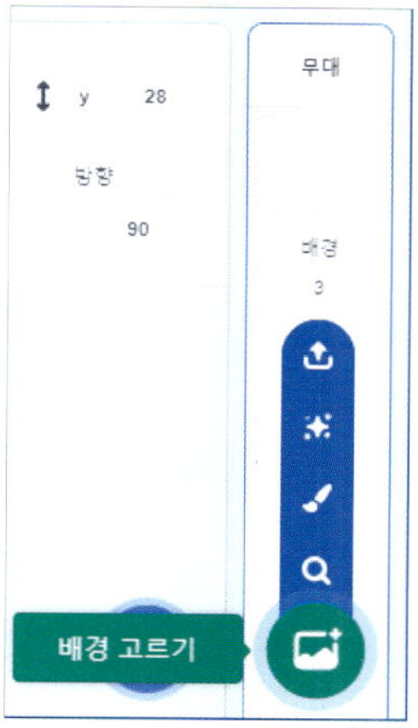

Note

• 배경 업로드하기

컴퓨터에 저장된 그림을 무대의 배경으로 사용하기 위해 불러올 수 있다.

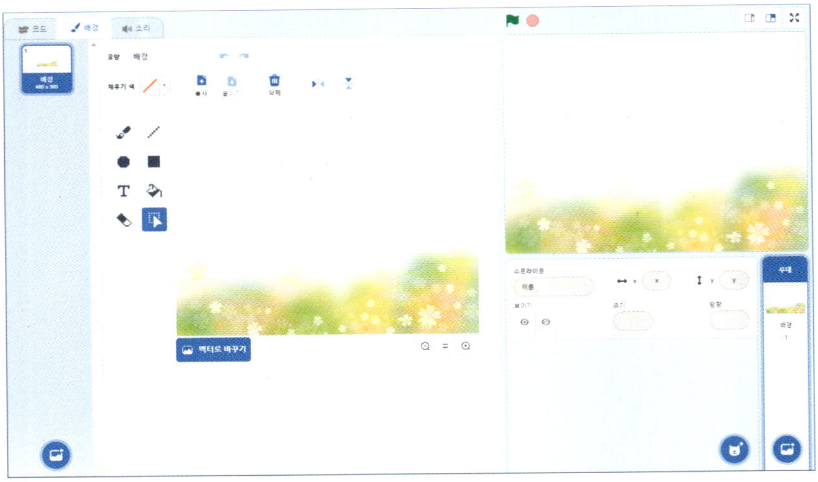

• 서프라이즈

스크래치 프로그램에서 제공하는 임의의 배경이 삽입된다.

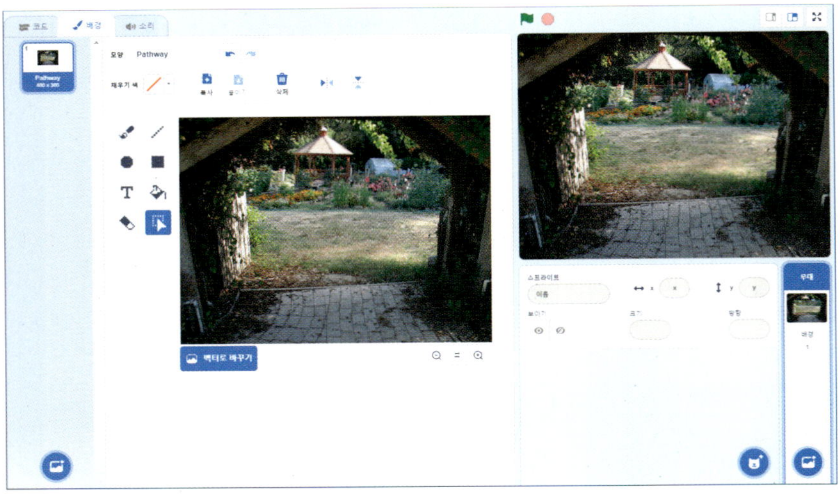

Note

- 그리기

도구모음을 이용해 무대 배경을 직접 그려서 사용할 수 있다.
배경 목록에서 필요 없는 배경의 삭제는 삭제할 배경을 선택 후 [삭제]를 클릭하거나 바로가기 메뉴의 삭제를 클릭하여 목록에서 제거 할 수 있다.

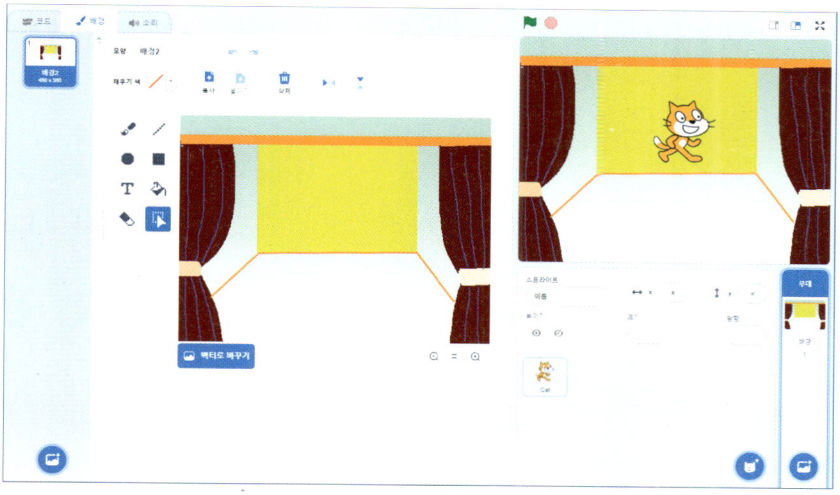

- 배경 고르기

스크래치 프로그램에서 제공하는 배경이미지가 저장된 저장소에서 원하는 배경을 검색하거나 목록별로 선택하여 가져올 수 있다.

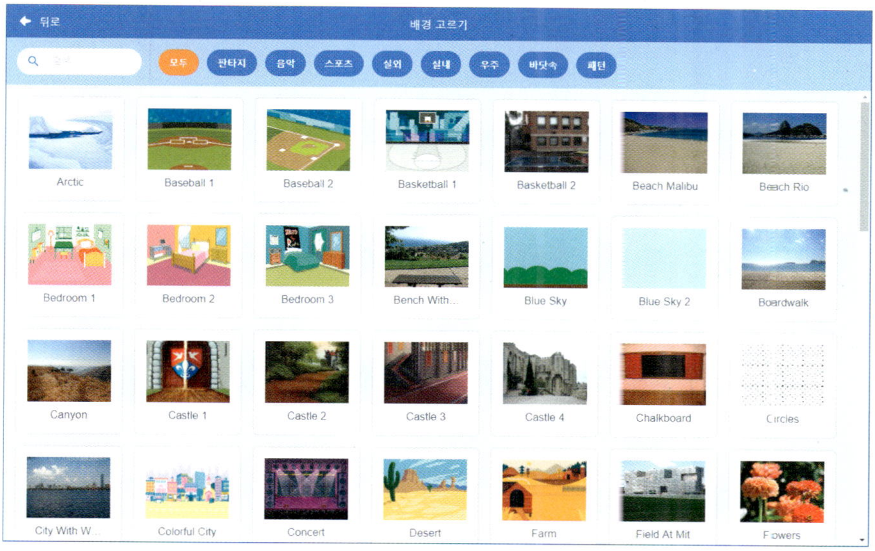

라. 소리파일

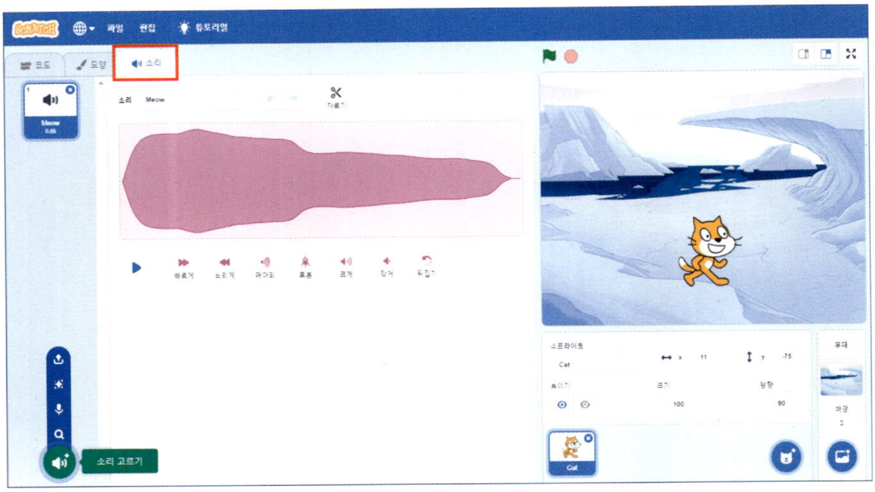

• 소리 고르기

소리 업로드하기, 서프라이즈, 녹음파일, 소리 고르기를 이용하여 스프라이트나 무대 배경에 소리파일을 등록하여 사용할 수 있다.

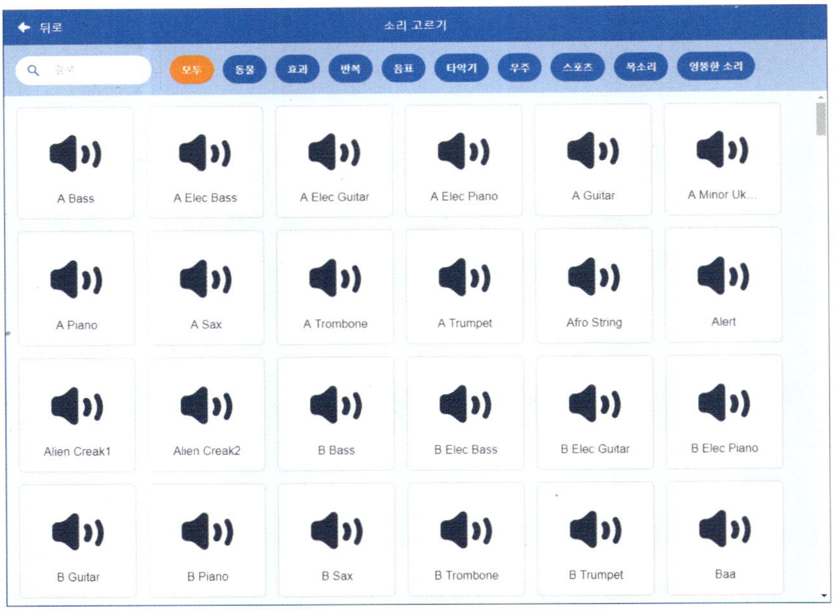

Note

4) 실습하기

① 실습1

무대 배경을 지정하고, 마법사와 원숭이 스프라이트 추가하여 시간에 따른 자연스러운 대화를 만들어 본다.

[이벤트] 팔레트의 **클릭했을 때** 블록 사용
[형태] 팔레트의 **몇 초 동안 말하기, 생각하기** 블록 사용, **보이기** 및 **숨기기** 블록 사용
[제어] 팔레트의 **몇 초 기다리기** 블록 사용
[소리] 팔레트의 **재생하기** 블록 사용
스크립트가 모두 완성되면 실행창의 [ ]을 클릭하여 완성된 내용을 확인한다.

가. 마법사 스프라이트

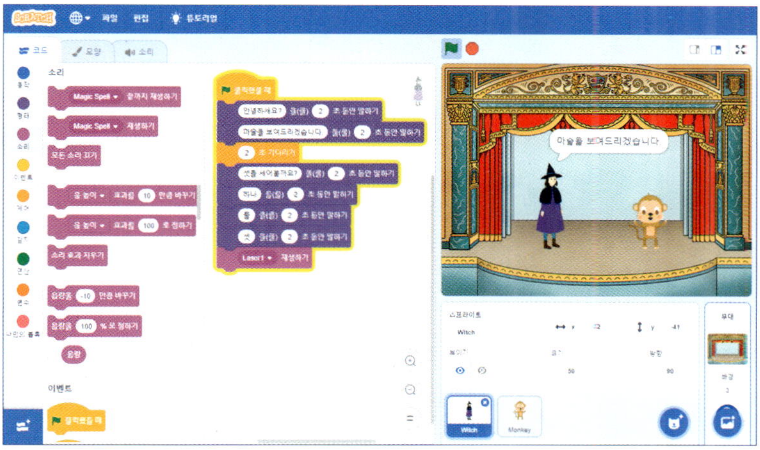

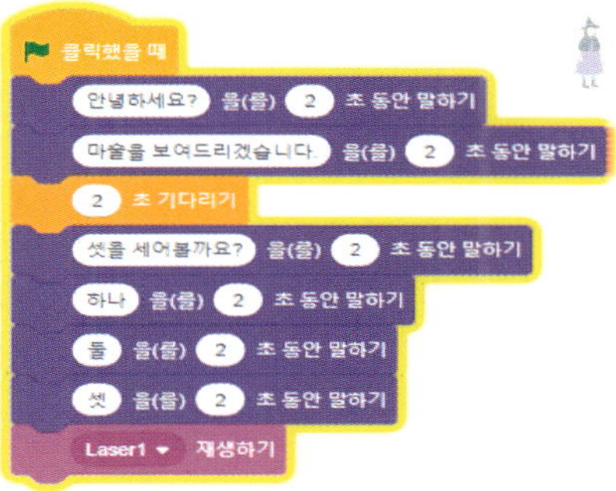

나. 원숭이 스프라이트

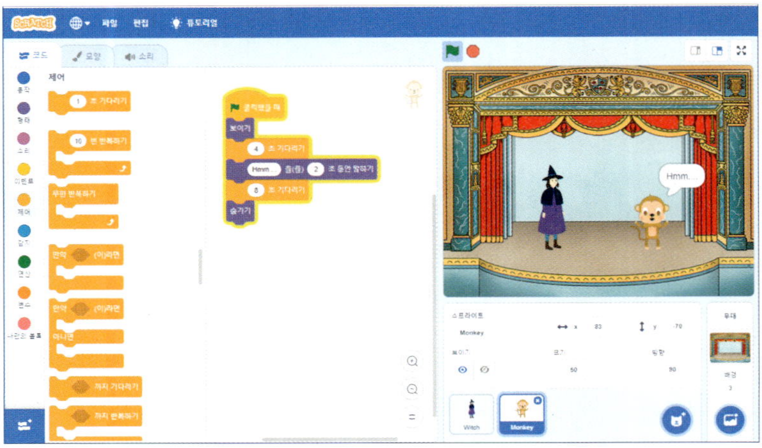

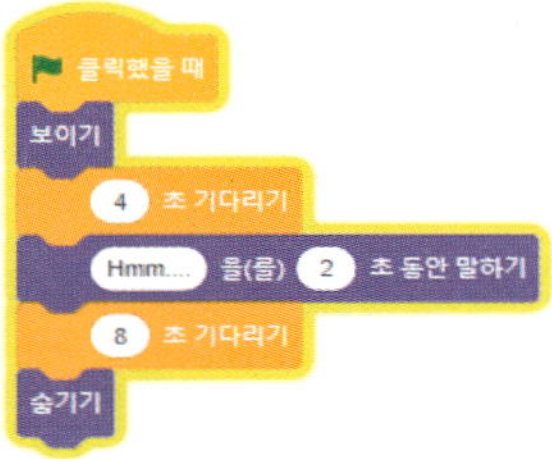

다. 블록 설명

: 입력된 텍스트를 2초 동안 말풍선 모양으로 표시 한다.

: 입력된 텍스트를 2초 동안 생각하는 것처럼 구름 모양으로 표시한다.

: 지정된 시간만큼 기다렸다 다음 블록을 실행한다.

: 스프라이트를 실행창에 보인다.

: 스프라이트를 실행창에서 보이지 않도록 숨긴다.

: 선택한 소리를 재생한다.

② 실습2

바닷속 배경과 상어 스프라이트를 추가하고 방향키에 따라 상어를 이동시켜 본다.

[이벤트] 팔레트의 **화살표 키를 눌렀을 때** 블록 사용
[형태] 팔레트의 **모양을 ~로 바꾸기** 블록 사용
[동작] 팔레트의 **몇만큼 움직이기, 몇도 돌기** 블록 사용
[제어] 팔레트의 **몇 초 기다리기** 블록 사용
스크립트가 모두 완성되면 실행창의 [ ]을 클릭하여 완성된 내용을 확인한다.

가. 상어 스프라이트

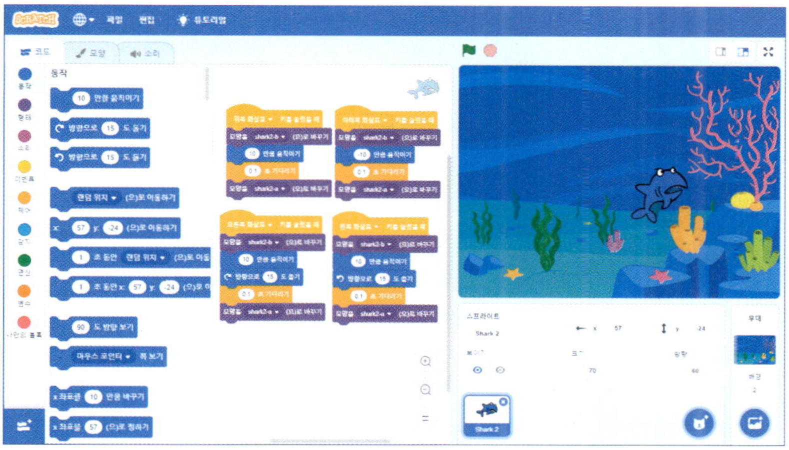

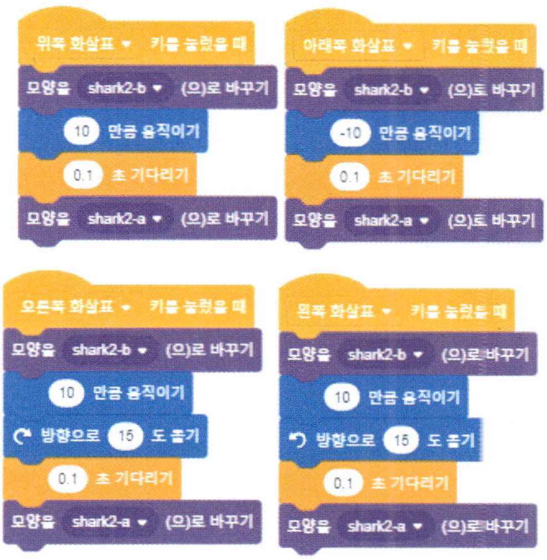

Note

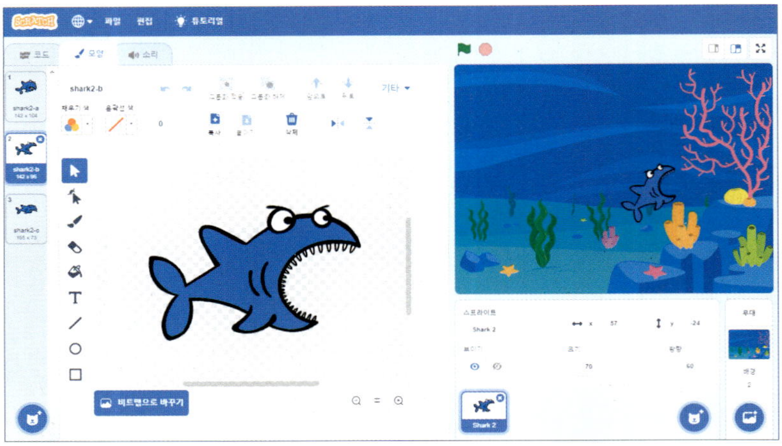

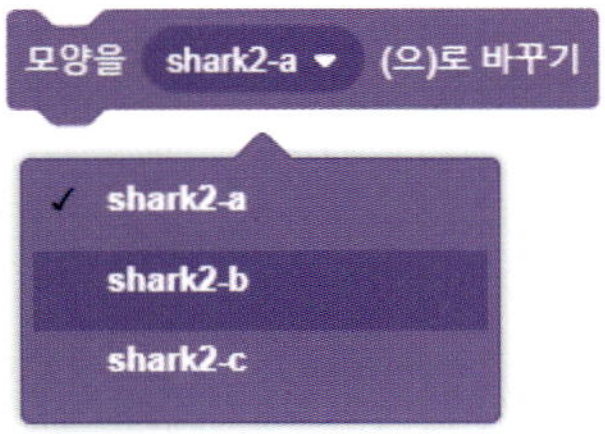

나. 블록 설명

	현재 위치에서 현재 방향으로 입력된 값만 큼 이동한다.
	현재 방향에서 입력된 값만큼 오른쪽으로 회전한다.
	현재 방향에서 입력된 값만큼 왼쪽으로 회전한다.
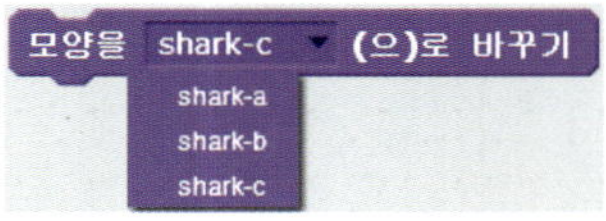	상어 스크립트의 모양을 설정한 모양으로 변경한다.

확인해 봅시다!

[확인 1-02]
저장소에서 무대배경과 스프라이트를 선택하고 동작, 형태, 소리, 이벤트, 제어 블록을 이용하여 자유롭게 프로젝트를 완성해 보세요.

Chapter 02

스크래치 블록

1. 블록 구성의 개요

스크래치 구성 화면에는 실제 스크래치 프로그래밍에 사용되는 블록이 배치되어 있으며, 이 명령 블록들은 용도별로 9개의 블록 팔레트로 분류되어 있다. 각 팔레트에 해당 명령 블록들을 확인할 수 있으며, 목적에 맞는 블록들을 스크립트 화면에 끌어다 놓으면 된다.

스크래치 3.0 으로 업데이트 되면서 기존 스크래치 2.0 블록이 약간 변화된 부분은 아래와 같다.

- 동작, 형태, 소리, 이벤트, 제어, 감지, 연산의 7가지 블록은 3.0에서도 그 명칭을 그대로 활용하였다. 대부분의 블록은 큰 차이를 보이지 않았으나 소리 블록이 다른 블록에 비하여 가장 많은 변화를 보인다.
- 소리 블록은 기본 블록만 있고, 기존에 소리 블록에서 다루었던 타악기 연주, 박자 쉬기, 악기의 빠르기 등이 좌측 하단의 "확장기능"의 블록에서 활용 가능하다. 즉, 악기로 연주하기 등의 블록은 좌측 하단의 확장 기능 중 음악 기능을 누르면 여러 코드 블록에 새로운 항목인 "음악" 블록 테이블이 추가하면 확인할 수 있다.
- 펜 블록은 스크래치 2.0에서 기본 블록에 있었지만, 스크래치 3.0에서는 소리블록과 마찬가지로 "확장기능"의 블록을 활용한다.

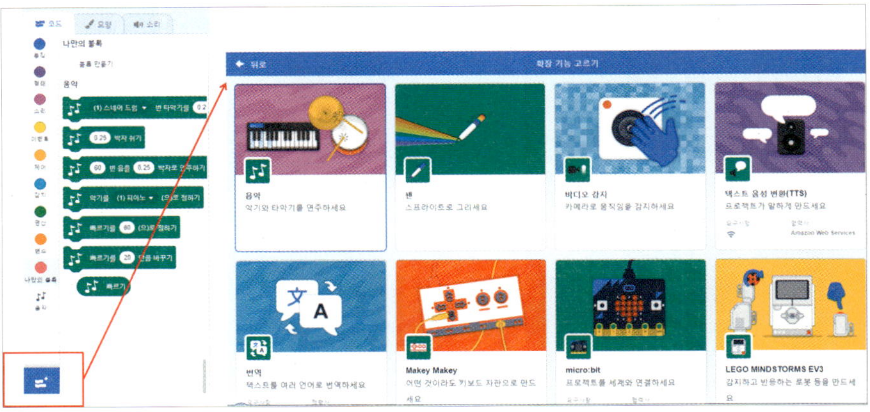

2. 블록별 상세이해

1) [동작] 블록

동작 블록은 스프라이트 동작(움직임)을 지정, 좌표를 바꾸거나 방향을 바꾸는 기능을 수행하는 블록들로 구성되어 있다. 목적에 맞게 블록들을 구성하여 활용할 수 있다.

블록	설명
10 만큼 움직이기	스프라이트를 설정된 값만큼 움직인다. 양수는 전진, 음수는 후진
↻ 방향으로 15 도 돌기	스프라이트를 설정된 각도만큼 시계방향으로 돌린다.
↺ 방향으로 15 도 돌기	스프라이트를 설정된 각도만큼 반시계방향으로 돌린다.
랜덤 위치 ▾ (으)로 이동하기	스프라이트를 랜덤위치 혹은 마우스포인터가 있는 곳으로 위치시킨다.
x: 0 y: 0 (으)로 이동하기	스프라이트를 지정한 (x,y) 좌표로 이동한다.
1 초 동안 랜덤 위치 ▾ (으)로 이동하기	스프라이트를 설정한 시간 동안 랜덤위치 혹은 마우스포인터가 있는 곳으로 위치시킨다.
1 초 동안 x: 0 y: 0 (으)로 이동하기	스프라이트를 설정한 시간 동안 지정한 (x,y) 좌표로 이동한다.
90 도 방향 보기	스프라이트를 설정된 방향으로 향하게 한다. (0: 위쪽, 90: 오른쪽, 180: 아래쪽, -90: 왼쪽)
마우스 포인터 ▾ 쪽 보기	스프라이트를 설정한 쪽으로 향하게 한다.
x 좌표를 10 만큼 바꾸기	스프라이트를 x좌표를 설정한 값만큼 변경한다.
x 좌표를 0 (으)로 정하기	스프라이트를 x좌표를 설정한 값으로 변경한다.

확인해 봅시다!

[확인 2-01]
스프라이트의 위치를 x:100, y:100으로 지정한 후 깃발이 클릭되었을 때, 왼쪽을 보게 방향을 바꾸시오.

[확인 2-02]
스프라이트를 정사각형 모양으로 움직이게 작성하시오.

Note

Tip
바꾸기와 정하기 차이
- 바꾸기
  처음 값에서 설정한 값만큼 변경.
  기존 값에 누적되어진 값을 의미함
- 정하기
  처음 값을 설정한 값으로 변경

Note

y 좌표를 10 만큼 바꾸기	스프라이트를 y좌표를 설정한 값만큼 변경한다.
y 좌표를 0 (으)로 정하기	스프라이트를 y좌표를 설정한 값으로 변경한다.
벽에 닿으면 튕기기	스프라이트가 벽에 닿으면 반대방향으로 전환한다.
회전 방식을 왼쪽-오른쪽 ▾ (으)로 정하기	스프라이트의 회전방식을 지정한다.
x 좌표 / y 좌표	스프라이트의 x좌표 값, y좌표 값
방향	스프라이트의 방향 확인

2) [형태] 블록

형태 블록은 스프라이트의 형태와 관련 있는 블록들이다. 스프라이트의 말하기, 생각하기, 크기, 모양, 보이기, 숨기기 기능이 사용된다.

블 록	설 명
안녕! 을(를) 2 초 동안 말하기	입력한 내용을 설정한 시간 동안 말풍선으로 보여준다.
안녕! 말하기	입력한 내용을 말풍선으로 보여준다.
음... 을(를) 2 초 동안 생각하기	입력한 내용을 설정한 시간 동안 생각 풍선으로 보여준다.
음... 생각하기	입력한 내용을 생각 풍선으로 보여준다.
모양을 모양 1 ▾ (으)로 바꾸기	스프라이트를 설정한 모양으로 변경한다.
다음 모양으로 바꾸기	스프라이트를 그림 리스트의 다음 그림으로 변경한다. 리스트의 마지막 그림이면 처음 그림으로 변경한다.
배경을 배경 1 ▾ (으)로 바꾸기	무대 배경을 설정한 배경으로 변경한다.

확인해 봅시다!

[확인 2-03]
두 개의 스프라이트가 말풍선과 생각풍선을 사용하여 대화하는 애니메이션을 완성하시오. (제어블록에서 "0초 기다리기" 블록 이용)

[확인 2-04]
두 개의 스프라이트, 생일 축하의 대화와 깜짝 선물과 함께 스프라이트의 표정(효과 변경)까지 변경하여 완성하시오.

다음 배경으로 바꾸기	무대 배경을 배경 리스트의 다음 배경으로 변경한다.
크기를 (10) 만큼 바꾸기	스프라이트의 크기를 설정한 값만큼 변경한다.
크기를 (100) %로 정하기	스프라이트의 크기를 설정한 비율로 변경한다.
색깔 ▾ 효과를 (25) 만큼 바꾸기	스프라이트 색깔 등의 그래픽 효과를 설정한 값만큼 변경한다.
색깔 ▾ 효과를 (0) (으)로 정하기	스프라이트 색깔 등의 그래픽 효과를 설정한 값으로 정한다.
그래픽 효과 지우기	스프라이트에 적용된 그래픽 효과를 지운다.
보이기 / 숨기기	스프라이트를 무대에서 보이게 혹은 사라지게 한다.
맨 앞쪽 ▾ 으로 순서 바꾸기	스프라이의 순서를 앞쪽 혹은 뒤쪽으로 바꾼다.
앞으로 ▾ (1) 단계 보내기	스프라이트를 설정한 값만큼 보낸다.
모양 번호 ▾ / 배경 번호 ▾	모양과 배경의 번호 혹은 이름을 구한다.
크기	스프라이트의 원래 크기에 대한 현재 크기의 백분율 값을 구한다.

3) [소리] 블록

소리 블록은 삽입된 소리 파일을 재생, 음량 및 소리효과 등을 조정하는 기능을 수행한다.

블록	설명
야옹 ▾ 끝까지 재생하기	설정한 소리의 재생을 마칠 때까지 기다렸다가 다음 블록을 실행한다.
야옹 ▾ 재생하기	설정한 소리를 재생하면서 다음 블록을 실행한다.
모든 소리 끄기	소리를 끈다.

확인해 봅시다!

[확인 2-05]

고양이 스프라이트를 이동하면서 야옹 소리를 재생하시오. (걸으며 야옹소리 내는 효과)

[확인 2-06]

고양이 스프라이트가 야옹 소리를 음높이(10만큼)와 음량(10만큼)을 변경하여 10번 반복 재생하시오.

Note

음 높이 ▾ 효과를 (10) 만큼 바꾸기	음높이 혹은 음향 위치 왼쪽/오른쪽을 설정한 값만큼 변경한다.
음 높이 ▾ 효과를 (100) 로 정하기	음높이 혹은 음향 위치 왼쪽/오른쪽을 설정한 값으로 지정한다.
소리 효과 지우기	적용된 소리의 효과를 지운다.
음량을 (-10) 만큼 바꾸기	음량을 설정한 값만큼 변경한다.
음량을 (100) % 로 정하기	음량을 설정한 값으로 지정한다.
음량	음량을 구한다.

4) [이벤트] 블록

이벤트 블록은 어떤 상황이 발생했을 때 그 상황과 연결된 블록들을 실행하고, 스크립트의 실행과 방송하기 등의 기능을 수행한다.

블 록	설 명
🏴 클릭했을 때	깃발을 클릭하면 아래에 연결된 블록들을 실행한다.
스페이스 ▾ 키를 눌렀을 때	설정한 키를 누르면 아래에 연결된 블록들을 실행한다.
이 스프라이트를 클릭했을 때	이 블록에 포함한 스프라이트를 클릭하면 아래에 연결된 블록들을 실행한다.
배경이 배경 1 ▾ (으)로 바뀌었을 때	설정된 배경으로 바뀌면 아래에 연결된 블록을 실행한다.
음량 ▾ > (10) 일 때	음량, 타이머의 값, 비디오 동작 등이 설정한 값보다 크면 아래에 연결된 블록들을 실행한다.
메시지1 ▾ 을(를) 받았을 때	설정한 메시지를 받으면 아래에 연결된 블록들을 실행한다.

확인해 봅시다!

[확인 2-07]
스프라이트를 클릭하였을 때 스프라이트의 형태를 변화시키시오. (형태블록 이용, 모양변경)

[확인 2-08]
간단한 마라톤 애니메이션을 완성하시오. "준비", "땅" 하는 신호와 함께 "출발"을 방송하고, 이 방송을 받은 스프라이트는 위치를 변경한다.

메시지1 ▾ 방송하기	모든 스프라이트에 메시지를 보내고 다음 동작을 즉시 실행한다.
메시지1 ▾ 방송하고 기다리기	모든 스프라이트에 메시지를 보내 이 메시지를 받으면 실행되는 블록들이 실행을 마친 후 다음 동작을 실행한다.

5) [제어] 블록

제어 블록은 동작을 반복하거나 조건이 있을 경우 동작을 수행하는 기능 등 프로그램 실행을 제어하는 기능들을 수행한다.

블 록	설 명
1 초 기다리기	설정한 시간동안 기다린다.
10 번 반복하기	내부에 포함된 블록들을 설정한 횟수만큼 반복 실행한다.
무한 반복하기	내부에 포함된 블록들을 설정한 무한 반복하여 실행한다.
만약 ◆ (이)라면	조건이 참인 경우 내부에 포함된 블록들을 실행한다.
만약 ◆ (이)라면 / 아니면	조건이 참이면 내부 블록 중 위쪽 블록을 실행하고, 거짓이면 아래쪽 블록을 실행한다.
◆ 까지 기다리기	조건이 참이 될 때까지 실행을 멈춘다.

확인해 봅시다!

[확인 2-09]

새 스프라이트를 이용, 위치 설정 후 모양을 변경하면서 날개를 파닥이며, 날아가는 새의 애니메이션을 완성하시오.

[확인 2-10]

위의 확인2-09번은 무한반복을 통하여 무대 밖으로 나가 화면에 보이지 않게 되어도 실행이 된다. 벽에 닿으면 다시 방향을 바꾸어 되돌아가는 애니메이션을 완성하시오.

Note

Note

블록	설명
까지 반복하기	조건이 참이 될 때까지 내부 블록을 반복 실행한다.
멈추기 모두 ▾	설정한 내용의 실행을 중지시킨다.
복제되었을 때	복제되면 아래에 연결된 블록들을 실행한다.
나 자신 ▾ 복제하기	설정한 스프라이트를 복제한다.
이 복제본 삭제하기	복제본을 삭제한다.

6) [감지] 블록

감지 블록은 어떤 상황의 발생 여부를 판단, 스프라이트, 마우스 위치, 타이머 등의 현재 상태를 확인할 수 있는 기능을 수행한다.

블 록	설 명
마우스 포인터 ▾ 에 닿았는가?	스프라이트가 마우스포인터, 벽에 닿았는지 확인한다.
( ) 색에 닿았는가?	스프라이트가 설정한 색에 닿았는지 확인한다.
( ) 색이 ( ) 색에 닿았는가?	스프라이트에 있는 왼쪽에 설정한 색이 오른쪽에 설정한 색에 닿았는지 확인한다.
마우스 포인터 ▾ 까지의 거리	선택한 스프라이트나 마우스 포인터까지의 거리를 확인한다.
What's your name? 라고 묻고 기다리기	묻고 사용자가 답할 때까지 기다린다.
대답	사용자가 답한 내용을 저장한다.
스페이스 ▾ 키를 눌렀는가?	설정한 키가 눌렸는지 확인한다.
마우스를 클릭했는가?	마우스를 클릭했는지 확인한다.

확인해 봅시다!

[확인 2-11]
개구리가 파리를 잡아먹는 애니메이션을 완성하시오.

[확인 2-12]
두 개의 스프라이트가 서로 처음 만나 이름, 나이 등을 묻고 답하는 대화 장면을 완성하시오.

마우스의 x좌표 / 마우스의 y좌표	마우스 포인터의 x좌표, y좌표를 확인한다.
드래그 모드를 드래그 할 수 [있는 ▾] 상태로 정하기	드래그 모드를 드래그 할 수 있는/없는 상태로 지정한다.
음량	음량을 확인한다.
타이머	타이머를 초 단위로 구한다.
타이머 초기화	타이머 값을 0으로 만든다.
[무대 ▾] 의 [backdrop # ▾]	무대의 배경번호, 배경이름, 음량, 변수를 구한다.
현재 [년 ▾]	현재 연도, 월, 일, 요일, 시간, 분, 초를 확인한다.
2000년 이후 현재까지 날짜 수	2000년 1월 1일 이후 현재까지의 날짜 수를 구한다.
사용자 이름	사용자 이름을 구한다.

7) [연산] 블록

연산 블록은 산술, 관계, 논리연산, 난수 발생 등의 기능을 수행한다

블 록	설 명
( ) + ( )	두 수를 더한다.
( ) - ( )	왼쪽 값에서 오른쪽 값을 뺀다.
( ) × ( )	두 수를 곱한다.
( ) ÷ ( )	왼쪽 값에서 오른쪽 값으로 나눈다.
(1) 부터 (10) 사이의 난수	설정한 범위 안에서 난수를 생성한다.
( ) > (50)	왼쪽의 값이 오른쪽 값보다 큰지 확인한다.
( ) < (50)	왼쪽의 값이 오른쪽 값보다 작은지 확인한다.

확인해 봅시다!

[확인 2-13]

임의의 두 수를 발생하여 두 수 중 큰 값으로 작은 값을 빼는 연산을 수행하시오.(결과값은 양수)

[확인 2-14]

스프라이트가 현재 시간을 말하는 애니메이션을 완성하시오.

Note

( ) = (50)	왼쪽의 값이 오른쪽 값보다 같은지 확인한다.
< > 그리고 < >	두 조건이 모두 참인 경우에만 결과가 참이고, 나머지는 모두 결과가 거짓이 된다.
< > 또는 < >	두 조건 중 하나라도 참이면 결과가 참이고, 둘 다 거짓이면 결과가 거짓이 된다.
< > 이(가) 아니다	조건이 참이면 결과는 거짓이 되고, 조건이 거짓이면 결과는 참이 된다.
(apple) 와(과) (banana) 결합하기	입력한 두 문자열을 결합한다.
(apple) 의 (1) 번째 글자	입력한 문자열에서 지정한 위치의 문자를 확인한다.
(apple) 의 길이	입력한 문자열의 길이를 확인한다.
(apple) 이(가) (a) 을(를) 포함하는가?	입력한 문자열에서 특정 문자를 포함하는지 확인한다.
( ) 나누기 ( ) 의 나머지	왼쪽 값을 오른쪽 값으로 나눈 나머지를 구한다.
( ) 의 반올림	반올림을 한다.
절댓값 ▾ (( ))	제곱근, 절댓값 등 다양한 연산을 수행한다.

8) [변수] 블록

변수 블록은 이전 스크래치 2.0에서는 [데이터] 블록으로, 데이터를 관리하는 기능을 수행하는 블록들로 구성되어 있다. 데이터(변수, 리스트) 생성, 저장, 삭제, 수정 등의 명령을 수행한다. 프로젝트 수행을 위해 사용자가 필요로 하는 변수, 리스트를 만들어 효율적인 프로그래밍을 작성할 수 있다.

블록	설명
변수 만들기	새로운 변수를 만든다.
(나의 변수)	변수 값을 확인한다.
나의 변수 ▾ 을(를) (0) 로 정하기	설정한 값을 변수에 저장한다.
나의 변수 ▾ 을(를) (1) 만큼 바꾸기	변수 값을 설정한 값만큼 변경한다.
나의 변수 ▾ 변수 보이기	변수를 무대에서 보이게 한다.
나의 변수 ▾ 변수 숨기기	변수를 무대에서 안보이게 한다.

블록	설명
리스트 만들기	새로운 리스트를 만든다.
항목 을(를) list ▾ 에 추가하기	리스트에 설정한 항목을 추가한다.
1 번째 항목을 list ▾ 에서 삭제하기	리스트에서 지정한 위치의 항목을 삭제한다.
list ▾ 의 항목을 모두 삭제하기	리스트의 모든 항목을 삭제한다.
1 을(를) list ▾ 리스트의 1 번째에 넣기	리스트의 지정한 위치에 입력한 항목을 추가한다.
list ▾ 리스트의 1 번째 항목을 1 으로 바꾸기	리스트의 지정한 위치의 항목을 설정한 값으로 변경한다.
list ▾ 리스트의 1 번째 항목	리스트의 지정한 위치의 항목을 확인한다.
list ▾ 리스트에서 항목 항목의 위치	리스트에서 지정한 항목의 위치를 확인한다.
list ▾ 의 길이	이스트의 길이를 확인한다.
list ▾ 이(가) 항목 을(를) 포함하는가?	리스트에 지정한 항목이 있는지 확인한다.
list ▾ 리스트 보이기	리스트를 무대에서 보이게 한다.
list ▾ 리스트 숨기기	리스트를 무대에서 안보이게 한다.

Note

확인해 봅시다!

[확인 2-15]
두 개의 변수를 만들어 사용자가 입력한 수로 곱하기를 수행하시오.

[확인 2-16]
5명의 이름과 성적을 리스트로 만들어 저장하시오.

9) 확장 기능 추가하기

스크래치 2.0에서 스크래치 3.0으로 업그레이드되면서 기본 블록에 있던 블록들이 없어진 것을 확인할 수 있다. 아래 그림에서 보는 바와 같이 소리 블록에서 악기 선택하는 블록들, 펜 블록 등은 확장기능 추가에서 사용 가능하다.

① 음악블록

블록	설명
(1) 스네어 드럼 ▾ 번 타악기를 0.25 박자로 연주하기	설정된 타악기를 설정한 박자로 연주한다.
0.25 박자 쉬기	소리를 설정한 시간 동안 소리 재생을 중지한다.
60 번 음을 0.25 박자로 연주하기	설정한 음을 설정한 시간 동안 연주한다.
악기를 (1) 피아노 ▾ (으)로 정하기	연주에 사용할 악기를 지정한다.

확인해 봅시다!

[확인 2-17]

"학교 종이 땡땡땡" 을 피아노로 연주하시오.

[확인 2-18]

"학교 종이 땡땡땡" 을 박자를 조절하여 리듬감, 생동감 있게 변경하시오.

빠르기를 (60) (으)로 정하기	빠르기를 설정한 값으로 지정한다.
빠르기를 (20) 만큼 바꾸기	빠르기를 설정한 값만큼 변경한다.
빠르기	빠르기를 구한다.

② 펜 블록

블록	설명
모두 지우기	무대의 모든 펜 자국을 지운다.
도장찍기	스프라이트의 이미지를 무대에 찍는다.
펜 내리기	스프라이트의 펜을 내려 이동 경로가 나타나게 한다.

확인해 봅시다!

[확인 2-19]

스프라이트의 이동 경로를 선으로 표시되도록 그리시오. (색변경 혹은 굵기 변경 등을 사용)

[확인 2-20]

마우스를 클릭하면 펜을 내려서 원하는 그림을 그리시오.

Note

펜 올리기	스프라이트의 펜을 올려 이동 경로가 나타나지 않게 한다.
펜 색깔을 ( ) (으)로 정하기	펜 색깔을 설정한 색깔로 정한다.
펜 색깔 ▾ 을(를) 10 만큼 바꾸기	펜 색깔을 설정한 값만큼 변경한다.
펜 색깔 ▾ 을(를) 50 (으)로 정하기	펜 색깔을 설정한 값으로 정한다.
펜 굵기를 1 만큼 바꾸기	펜 굵기를 설정한 값만큼 변경한다.
펜 굵기를 1 (으)로 정하기	펜 굵기를 설정한 값으로 정한다.

③ **비디오 감지 블록**

스크래치 2.0에서는 관찰 블록에 포함되어 있었지만 스크래치 3.0에서는 확장 기능으로 분리되었다.

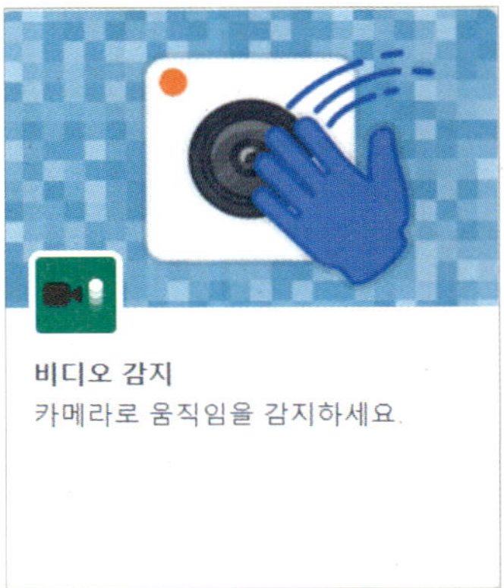

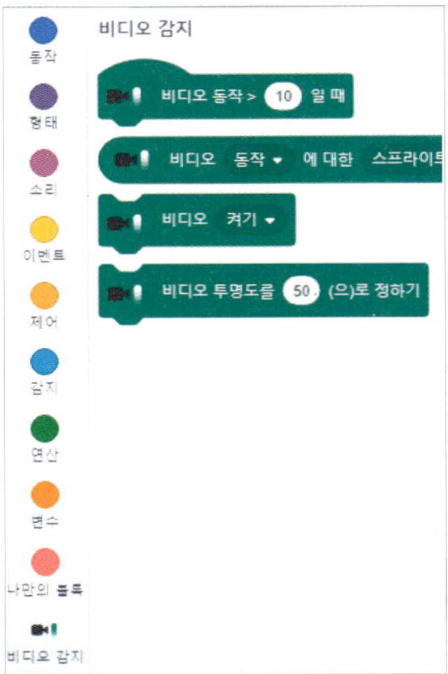

블록	설명
비디오 동작 > 10 일 때	비디오 동작의 횟수를 지정한다.
비디오 동작 ▾ 에 대한 스프라이트 ▾ 에서의 관찰값	비디오 움직임의 동작 크기 또는 방향값을 확인한다.

비디오 켜기 ▾	비디오(웹캠)을 켜거나 끈다.
비디오 투명도를 50 (으)로 정하기	비디오 투명도를 % 단위로 지정한다.

④ 텍스트 음성 변환(TTS) 블록

새롭게 Text to Speech(TTS) 기능이 추가되었다. 언어와 음성을 선택할 수 있다.

블 록	설 명
hello 말하기	사용자가 입력한 문자를 말한다. 말풍선이 아닌 실제 말하기를 수행한다.
음성을 중고음 ▾ 로 정하기	말하는 음성의 종류를 정한다.
언어를 English ▾ 로 정하기	말하기를 수행할 언어를 지정한다.

Note

⑤ 번역 블록

새롭게 번역 기능이 추가되었다. 구글 번역기와 연동이 되어 세계 여러 나라 언어로 번역 해준다.

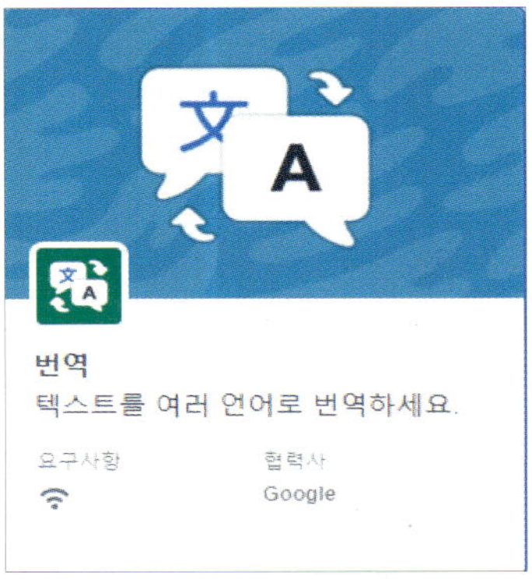

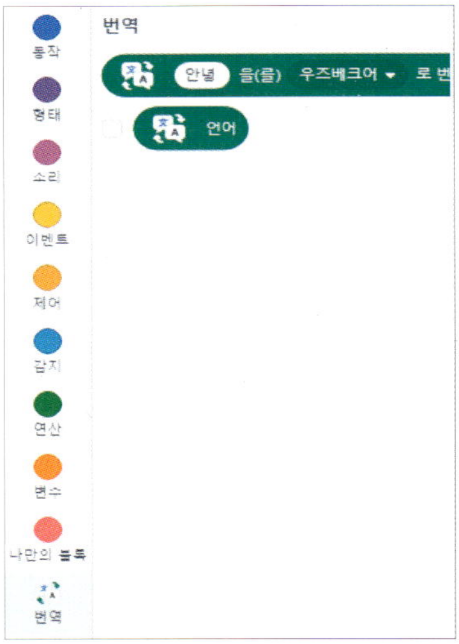

블록	설명
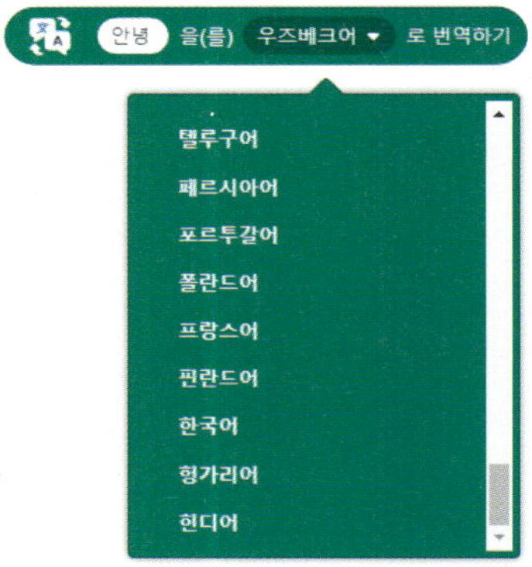	사용자가 입력한 문자를 원하는 언어로 번역한다.
	현재 스크래치 환경에서 선택된 언어를 나타낸다.

Chapter 03

순차구조

1. 순차구조의 개념

순차구조는 하나의 명령을 처리하고 다음 명령을 차례대로 하나씩 수행하는 단순한 논리구조이다.

위에서 아래로 순차적으로 실행되는 구조이다.

순서도	순차구조의 예
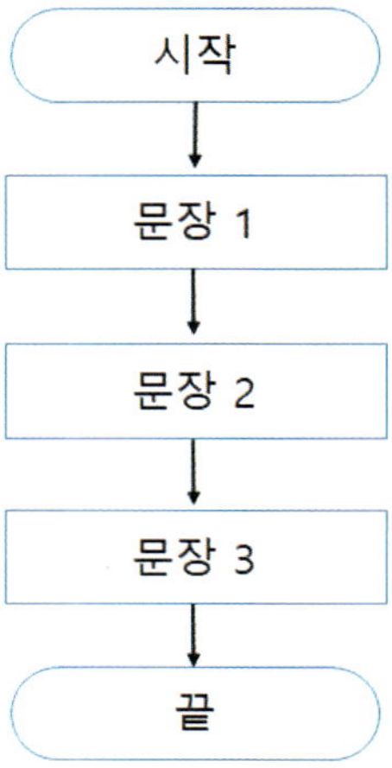	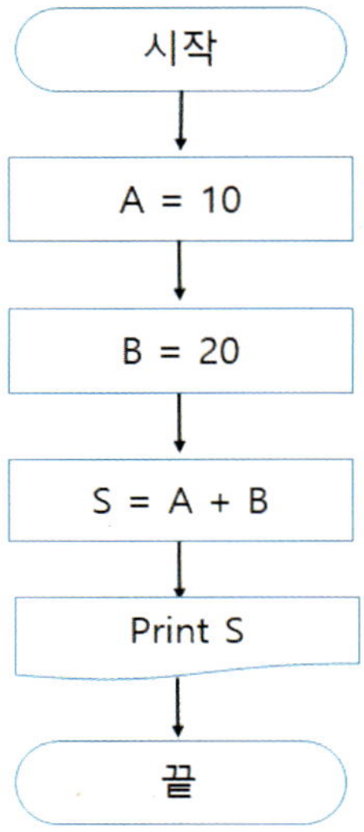

의사(Pseudo) 코드	블록
A값과 B값을 더해 출력 A ← 10 B ← 20 SUM ← A + B PRINT SUM	동작, 형태, 소리 블록 등

확인해 봅시다!

[확인 3-01]

동작, 형태, 소리 블록등을 이용해 스프라이트를 자유롭게 실행시켜 보시오.

2. 실습 예제

Note

실습하기 1

세계의 수도 맞추기 프로젝트

① Pico 스프라이트

- 각 나라의 수도를 묻는다.
- 1초 기다린다. (기다리는 동안 Giga 스프라이트가 수도이름을 말한다.)

② Giga 스프라이트

- Pico 스프라이트가 인사하는 시간과 수도이름을 묻는 시간을 계산하여 기다린다.
- 각 나라의 수도를 대답한다.

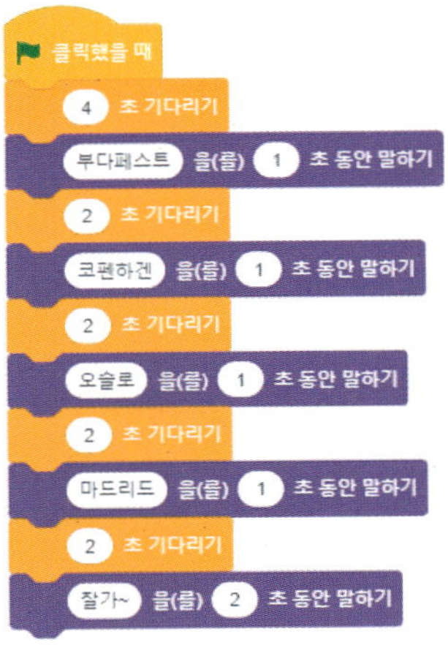

③ 결과화면

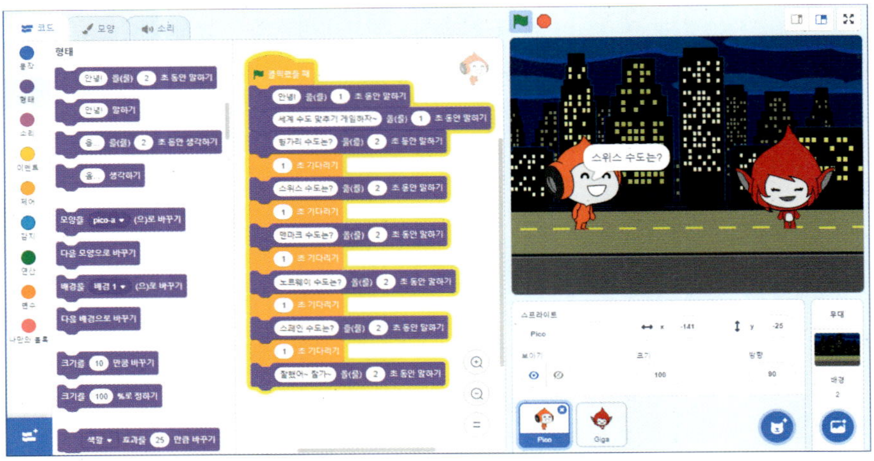

확인해 봅시다!

[확인 3-02]

2개의 스프라이트를 추가하여 서로 대화가 오갈 수 있도록 프로젝트를 작성하시오.

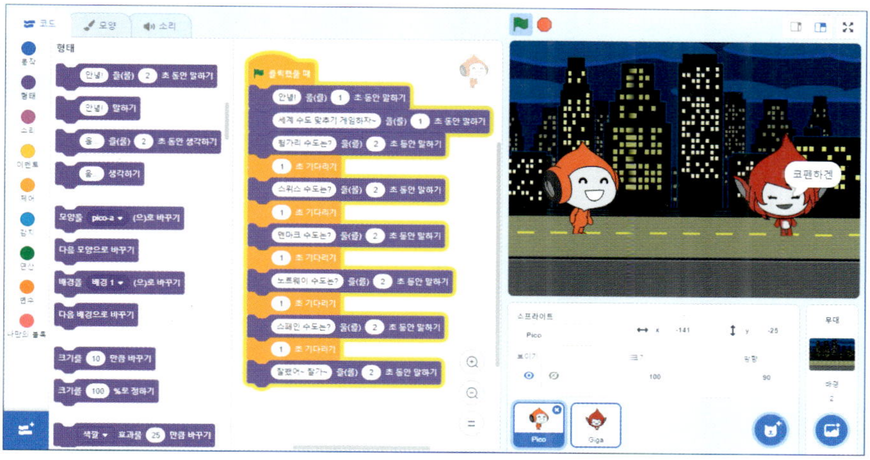

Note

실습하기 2

연산의 결과를 묻고 결과를 답하는 프로젝트

① Ruby 스프라이트

- 스프라이트 모양을 바꾼다.
- 사칙연산에 대한 문제를 낸다.
- 2초 기다린다. (기다리는 동안 Devin 스프라이트가 연산의 답을 말한다.)
- 스프라이트 모양을 바꾼다.

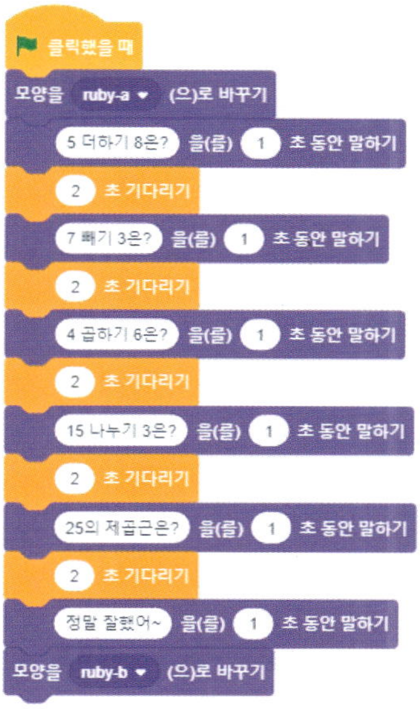

② Devin 스프라이트

- 스프라이트 모양을 바꾼다.
- Ruby 스프라이트가 문제를 내는 동안 기다린다.
- 문제에 맞는 답을 계산하여 말한다.
- 스프라이트 모양을 바꾼다.

③ 블록 설명

두수의 합을 구해준다
두수의 차를 구해준다.
두수의 곱을 구해준다.
두수의 몫을 구해준다.

수의 제곱근을 구해준다.

첫 번째와 두 번째 데이터를 결합하여 나타낸다.

④ 결과화면

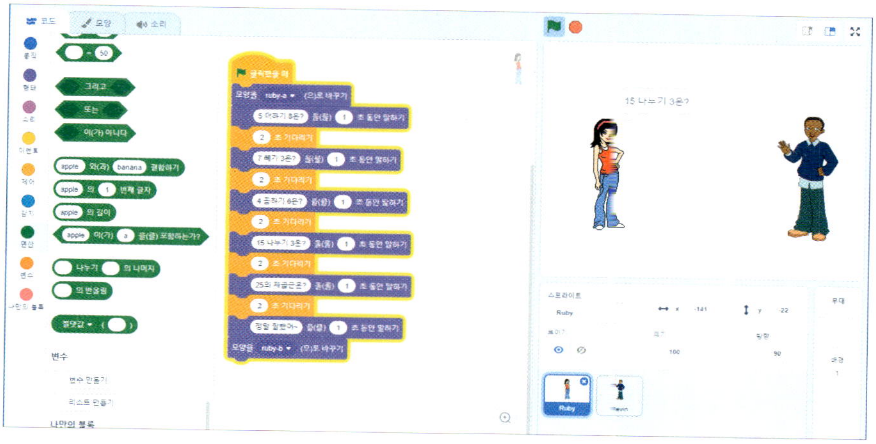

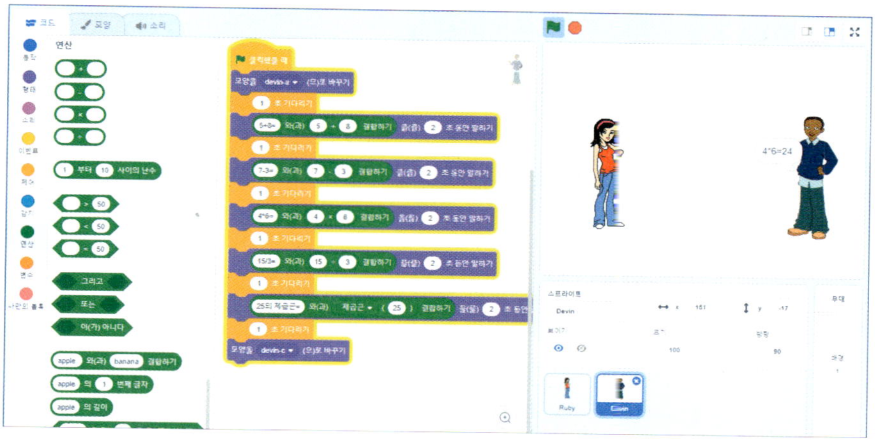

확인해 봅시다!

[확인 3-03]

계산하고자 하는 2개의 숫자값을 묻고 그 대답을 변수에 저장하고 변수를 활용하여 사칙연산을 계산하여 보여주는 프로젝트를 완성하시오.

- 값을 저장할 2개의 변수를 만들고 숫자값 대답을 변수에 저장 한다.

[확인 3-04]

바닷가 배경과 문어 스프라이트를 추가하여 문어가 양쪽으로 방향을 바꿔가며 움직이는 프로젝트를 완성하시오.

- 90도(오른쪽) 방향보기, -90도(왼쪽) 방향보기, 100만큼 움직이기, 0.5초 기다리기, 다음 모양으로 바꾸기 블록을 사용 한다.

Note

실습하기 3

키보드로 피아노 연주하기

① **무대**

- 무대의 배경을 지정할 이미지를 컴퓨터에 저장된 악보 파일을 불러온다.
- 키보드의 키(a:도, s:레, d:미, f:파, g:솔, h:라, j:시, k:도)를 눌렀을 때의 이벤트를 지정한다.
- 키를 누르면 그 키의 음에 맞는 번호의 음을 0.5박자로 연주한다.
- 숫자 1키를 누르면 (1)피아노, 숫자 2키를 누르면 (8)첼로 악기로 지정한다.
- 해당키를 눌러 악보를 연주한다.

② **블록설명**

지정된 음을 지정된 박자로 연주한다.

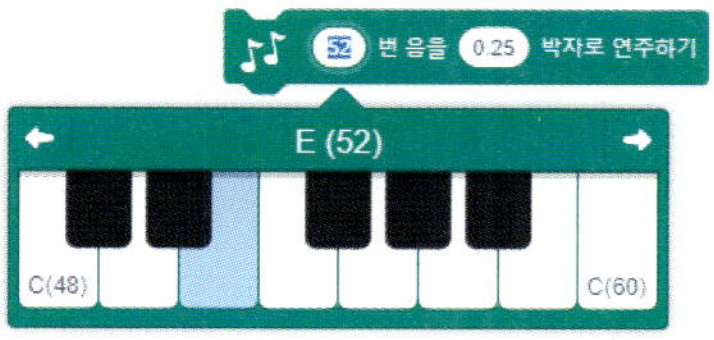

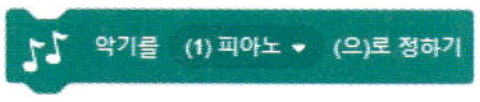

연주할 악기를 지정한다.

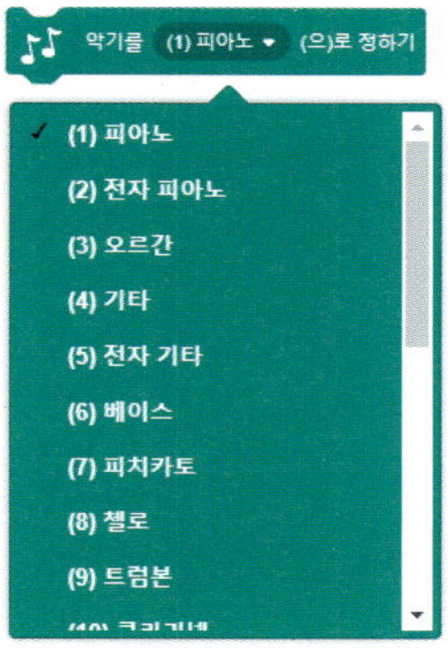

키보드의 각 키를 눌렀을 때 이벤트를 지정한다.

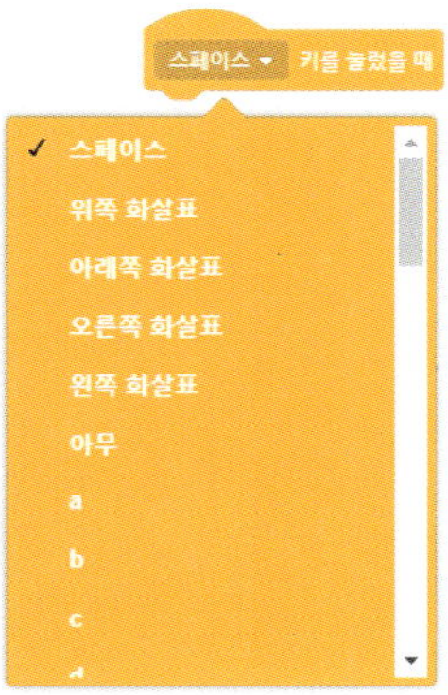

Note

Note

③ 결과화면

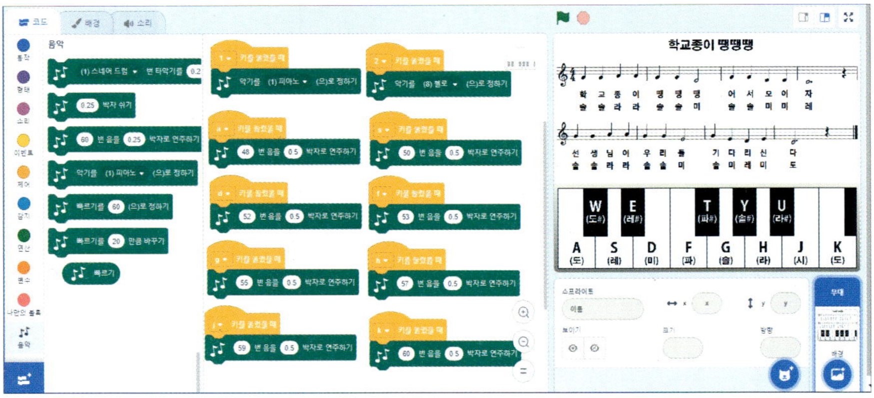

확인해 봅시다!

[확인 3-05]

스페이스키를 눌렀을 때 음악이 자동으로 연주될 수 있도록 설정해보시오.

- 하나의 키에 블록을 묶음으로 연결하여 음계 및 박자를 수정한다.

연습문제

Note

01. 배경 및 엄마 눈사람, 꼬마 눈사람의 스프라이트를 추가하고 재미있는 대화를 만드는 프로젝트를 완성하시오.

- 배경과 스프라이트는 인터넷 검색하여 컴퓨터에 저장 후 가져오기 한다.

02. 배경 및 고양이 스프라이트를 추가하여 고양이가 좌우로 움직이고 점프하는 프로젝트를 완성하시오.

- 클릭했을 때 : 회전 방식을 왼쪽-오른쪽으로 정하기
  고양이 시작 위치를 X좌표 -180, Y좌표 -80 로 이동
- 오른쪽 화살표 키를 눌렀을 때 : 오른쪽 방향 보기, 도양 바꾸기, 10만큼 이동
- 왼쪽 화살표 키를 눌렀을 때 : 왼쪽 방향 보기, 모양 바꾸기, 10만큼 이동
- 스페이스바 키를 눌렀을 때 : 점프하기 (Y좌표를 바꾸기)

03. 키보드의 방향키를 눌러 자동차를 운전하는 프로젝트를 완성하시오.

- 위쪽 화살표키를 눌렀을 때 : 모양 바꾸기, 10만큼 움직이기, 0.1초 기다리기, 모양 바꾸기
- 아래쪽 화살표키를 눌렀을 때 : 모양 바꾸기, -10만큼 움직이기, 0.1초 기다리기, 모양 바꾸기
- 오른쪽 화살표키를 눌렀을 때 : 모양 바꾸기, 5단큼 움직이기, 오른쪽 방향 15도 돌기, 0.1초 기다리기, 모양 바꾸기
- 왼쪽 화살표키를 눌렀을 때 : 모양 바꾸기, 5만큼 움직이기, 왼쪽 방향 15도 돌기, 0.1초 기다리기, 모양 바꾸기

Chapter 04

조건구조

1. 조건구조의 개념

어떠한 조건을 만족하면 그에 해당하는 일이 처리되는 문장을 조건문이라 한다. 기본 조건문은 if 문으로 조건에 따라 실행하느냐 하지 않느냐의 조건적 실행을 가능하게 한다. 즉, 조건이 만족하면, 해당 문장을 실행한다.

```
if 성적>4.0
{
        "장학금 수령 대상자입니다."
}
```

위 예에서 조건이란 이번 학기의 성적이 4.0을 넘는 것이고, 그 조건이 만족되면 "장학금을 받는다" 라는 일을 수행한다. if 문은 여러 번 중복 사용 가능하다.

순서도	순서도 예
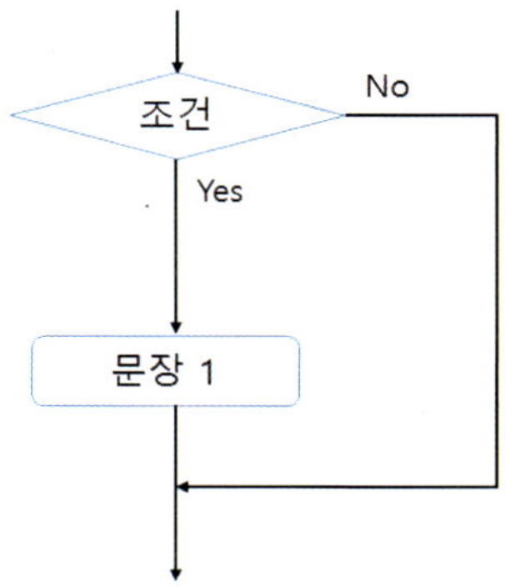	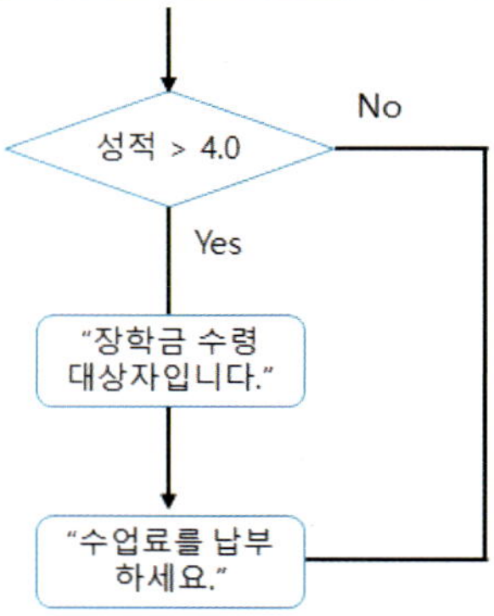

확인해 봅시다!

[확인 4-01]
사칙연산이 선택적으로 실행 가능한 계산기 프로그램을 작성하시오. (if문 이용)

의사(Pseudo) 코드	블록

if <조건> {
문장 1 실행
}
...
	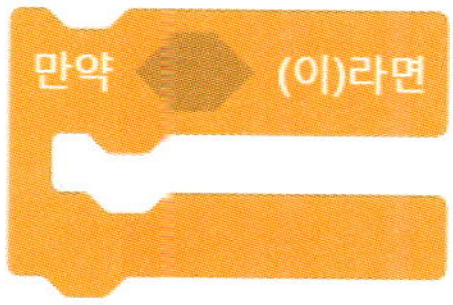

조건이 만족할 때만 문장을 실행하는 if 문과 다르게, 조건의 참, 거짓 여부에 따라 각기 다른 문장을 실행하고자 할 때에는 if ~ else 문을 이용한다.

```
if 어떤 수 >= 0
{
        "0보다 크거나 같은 수이다."
}
else
{
        "0보다 작은 수이다."
}
```

위 예에서 조건이 어떤 수가 0보다 크거나 같은지 검사하여 조건이 참이면 0보다 크거나 같은 수임을 알려주고, 아닐 경우에는 0보다 작은 수임을 알려준다.

즉, if ~ else 는 실행 결과를 두 개로만 응답해야할 경우 이용한다.

순서도	순서도 예
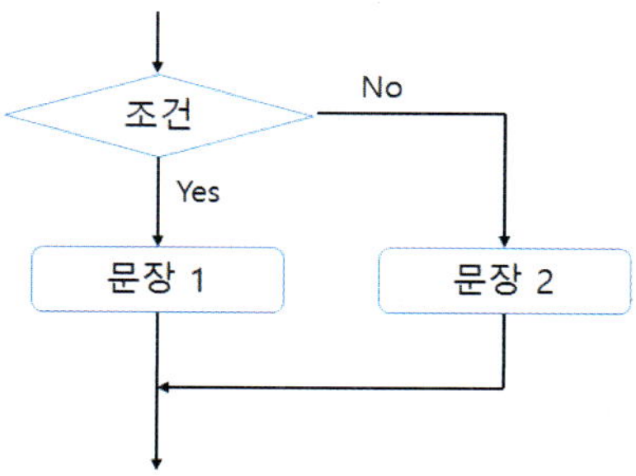 	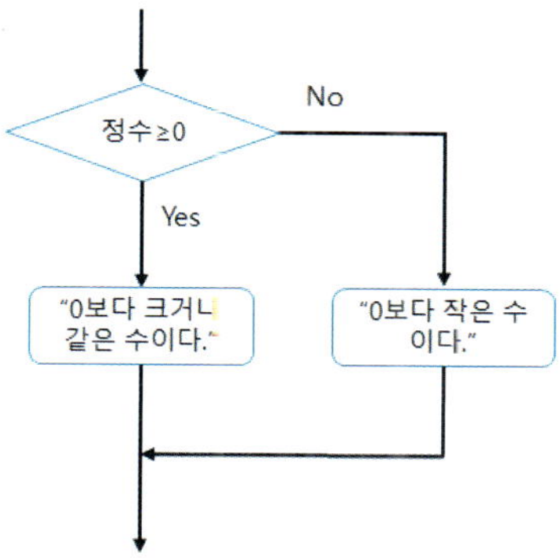

Note

Note

의사(Pseudo) 코드	블록

if <조건> {
문장 1 실행
}
else {
문장 2 실행
}
...

if ~ else를 사용하여 결과 값이 두 개일 경우에만 표현할 때 사용한다고 하면, 실제로는 여러 상황에 따라 3개 이상의 각기 다른 결과 값이 있어야할 경우가 더 많다. 즉, 조건을 여러 개 사용해야할 경우 if ~ else if ~ else ~ 문을 사용한다.

if ~ else if ~ else	if ~ else 중첩사용 표현

if 어떤 수 > 0
{
"양수입니다."
}
else if 어떤 수 < 0
{
"음수입니다."
}
else
{
"0입니다."
}
	if 어떤 수 > 0
	{
	"양수입니다."
	}
	else
	{
	if 어떤 수 < 0
	{
	"음수입니다."
	}
	else
	{
	"0입니다."
	}
	}

확인해 봅시다!

[확인 4-02]

두 개의 수를 입력 받아 뺀 결과가 정수의 값이면 앞의 수가 큰 값임을 알려주고, 아니면 뒤의 수가 큰 값임을 말하는 프로그램을 작성하시오. (단, 같은 값은 입력할 경우 다른 값으로 입력하라고 말하시오.)

if ~ else if ~ else 조건문에 사용되는 제어 블록은 조건이 하나일 경우의 조건 블록과 여러 조건이 필요할 경우 사용하는 조건 블록이 있으며, 조건문 안쪽에 또 다른 조건문을 사용하여 실행한다.

순서도	순서도 예
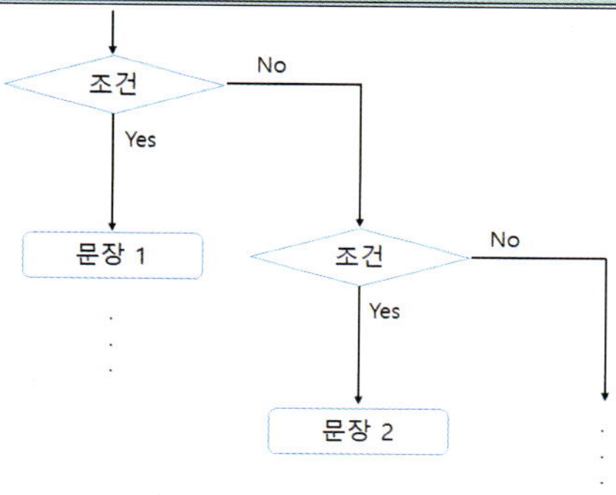	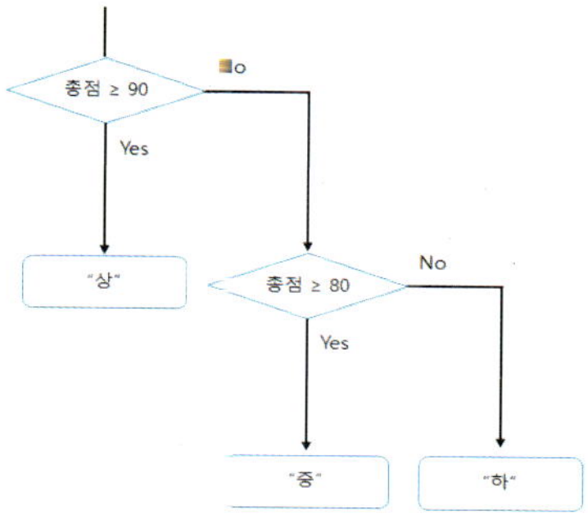

의사(Pseudo) 코드	블록

if <조건> {
문장 1 실행
}
else if <조건> {
문장 2 실행
}
else {
...
}
...
	두 개의 블록 혼합 사용

확인해 봅시다!

[확인 4-03]
사칙연산이 선택적으로 실행 가능한 계산기 프로그램을 작성하시오. (if ~ else if ~ else ~ 문)

[확인 4-04]
태어난 년도에 따른 띠를 출력하는 프로그램을 작성하시오. (년도를 12로 나누어 나머지가 0, 1, 2, 3, 4, 5, 6, 7, 8, 9, 10, 11일 때, 각각 원숭이, 닭, 개, 돼지, 쥐, 소, 범, 토끼, 용, 뱀, 말, 양이 된다.)

[확인 4-05]
학생들의 국어, 영어, 수학 총점에 따라 학점을 출력하는 프로그램을 작성하시오. (90점 이상이면 A, 80점 이상이면 B, 70점 이상이면 C, 60점 이상이면 D, 나머지는 F 이다.)

Note

2. 실습 예제

실습하기 1 **(if 문)**

정수의 양수, 음수, 0인지 확인하기

: 한 스프라이트가 정수를 말하고, 다른 스프라이트는 정수의 구분을 말한다.

① 스프라이트가 정수를 말한다.

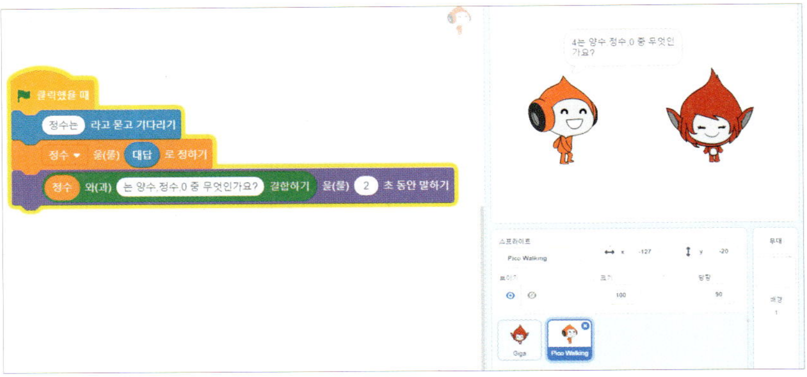

② 스프라이트는 스프라이트 말한 정수가 음수인지 양수인지 0인지 판단하여 말한다.

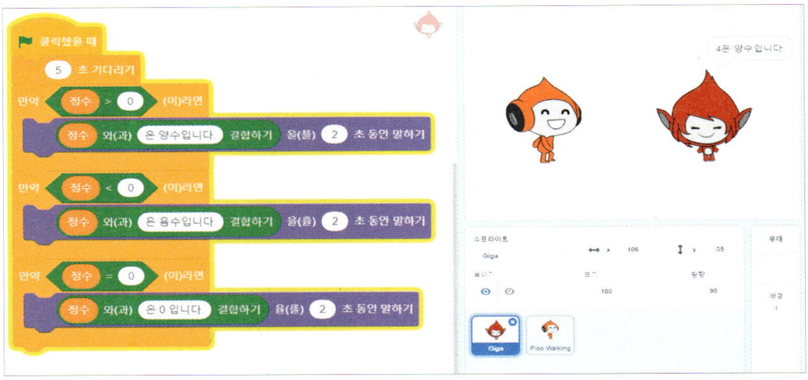

실습하기 2 **(if ~ else 문)**

운전면허 시험에서 60점 이상이면 "합격", 아니면 "불합격" 말하기

: 스프라이트 Dee와 Devin의 대화로 각 스프라이트에 대한 동작을 지정 한다.

① 스프라이트 Dee : Devin에게 운전면허 시험 점수를 물어보고, Devin 점수에 따라 합격, 불합격 여부 말하기

② 스프라이트 Devin : Dee에게 운전면허 시험 점수를 말하고, Dee가 말해준 결과에 따라 응답하기

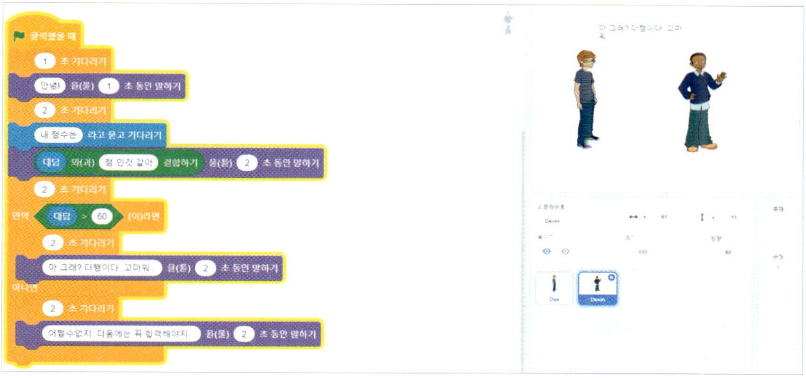

Note

Note

실습하기 3 **(if ~ else if ~ else 문)**

자동차 속도가 40km이상 60km이하이면, "적정속도" 라고 말하기

: 자동차 속도를 대답하고 대답에 따라 적정속도, 과속, 저속임을 알려준다.

① 적정속도일 경우 : 자동차 속도는 난수 발생으로 생성, 40km이상 60km이하일 경우 "적정속도" 말하기

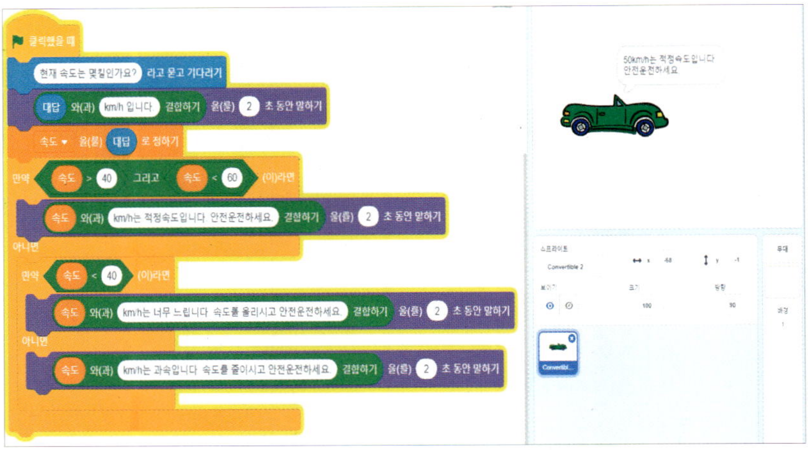

② 저속일 경우 : 40km 미만일 경우 "저속입니다" 말하기

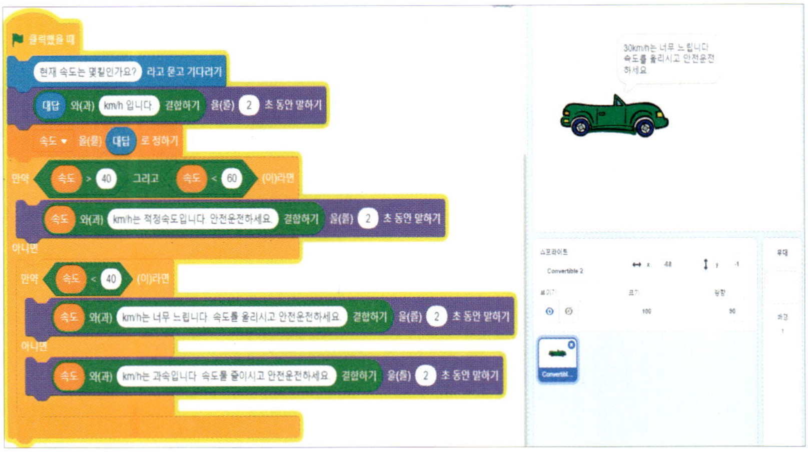

③ 과속일 경우 : 60km 이상일 경우 "과속입니다" 말하기

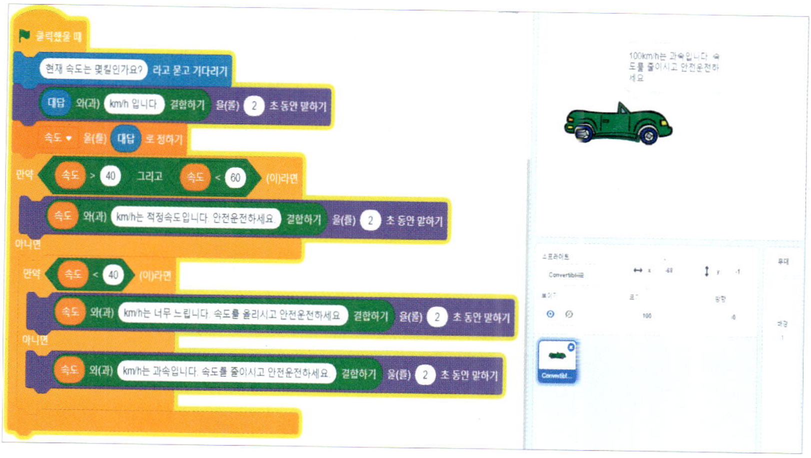

Note

Note

연습문제

01. 두 개의 수를 입력 받아 뺀 결과가 정수의 값이면 앞의 수가 큰 값임을 알려주고, 아니면 뒤의 수가 큰 값임을 말하는 프로그램을 작성하시오. (같은 값은 입력할 경우 다른값으로 입력하라고 말하시오)

02. 사칙연산이 선택적으로 실행 가능한 계산기 프로그램을 작성하시오. (if문, if ~ else if ~ else ~ 문)

03. 태어난 년도에 따른 띠를 출력하는 프로그램을 작성하시오. (hint. 년도를 12로 나누어 나머지가 0, 1, 2, 3, 4, 5, 6, 7, 8, 9, 10, 11일 때 각각 원숭이, 닭, 개, 돼지, 쥐, 소, 범, 토끼, 용, 뱀, 말, 양 이다.)

04. 학생들의 국어, 영어, 수학 총점에 따라 학점을 출력하는 프로그램을 작성하시오. 90점 이상이면 A, 80점 이상이면 B, 70점 이상이면 C, 60점 이상이면 D, 나머지는 F 이다.

Chapter 05

반복구조

Note

1. 반복구조의 개념

반복구조는 특정 조건에 따라 이전 과정을 여러 번 반복하는 구조이다. 즉, 프로그램의 흐름을 되풀이하는 흐름 제어문으로 루프문(Loop Statement)라고도 한다. 반복문은 조건이 만족되는 동안 처리문장에 대한 명령을 반복하여 실행하는 구조이다.

반복문에 사용되는 제어 블록은 횟수 제한하는 "ㅇ 번 반복하기", 횟수 제한이 없는 "무한반복하기" 블록이 있으며, 반복문 안쪽에 조건문을 사용하여 반복 조건을 지정, 실행하게 한다.

<table>
<tr><th>순서도</th><th>순서도 예</th></tr>
<tr><td>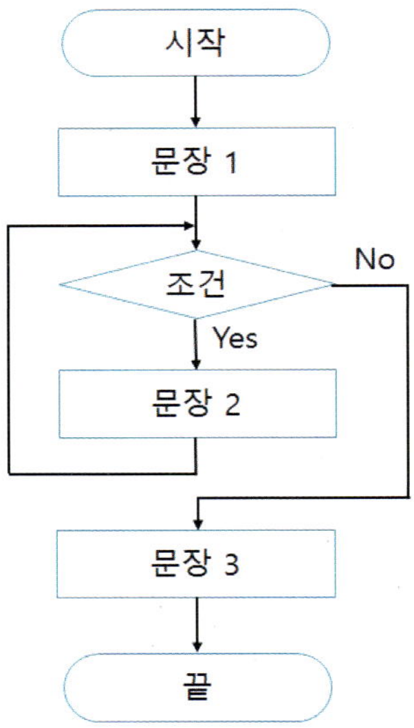
</td><td>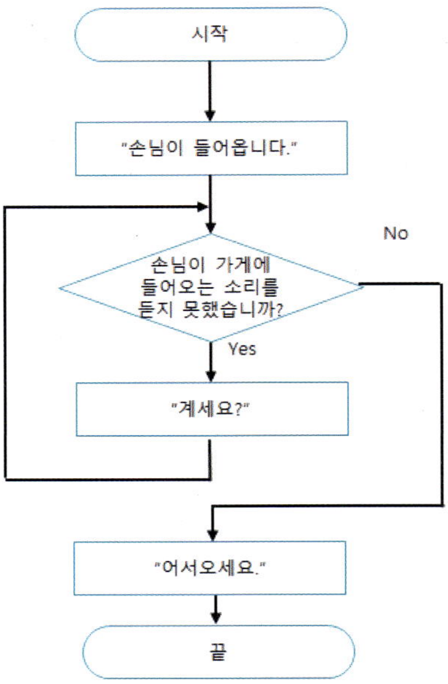
</td></tr>
</table>

의사(Pseudo) 코드	블록

if <조건> {
　　문장 2 실행
　　}
else if <조건> {
　　문장 3 실행
　　}
else {
　　...
　　}
...
	1. 무한반복

	2. 정해진 횟수만큼 반복

	3. 특정 조건까지 반복

1) 무한반복

조건부분이 무한으로 반복되는 블록이다. 블록을 실행하면 반복이 중지되지 않고 계속 실행된다. 무한 반복 시 오류 발생할 수 있지만 다른 프로그램처럼 강제 종료 기능인 break문이 없으므로 적당한 조건을 만들어 무한 루프에 들어가지 않게 주의한다.

횟수 제한 없는 무한반복은 다음과 같이 "안녕"을 1초 가격으로 반복하여 말한다.

```
while
{
        "안녕“
}
```

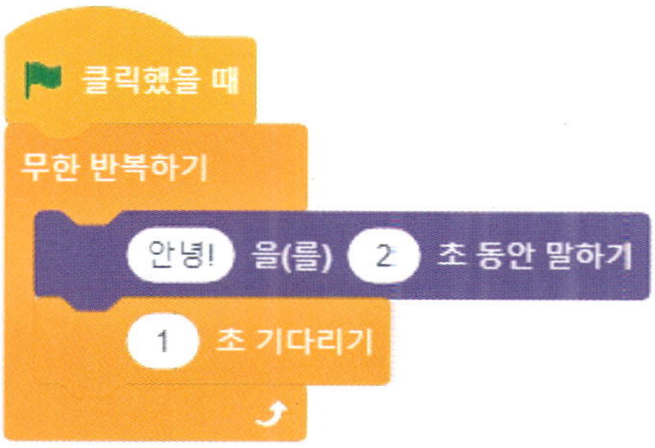

Note

Note

2) 정해진 숫자만큼 반복

조건에 반복을 실행할 횟수를 입력하여 반복하는 블록이다. 정수, 실수 모두 입력 가능하며, 실수를 입력하였을 경우 반올림한 정수로 실행된다.

무한 반복이 아닌 횟수를 지정하여 반복을 하게 할 경우, 즉, 아래와 같이 "안녕"을 10번만 반복하여 말하게 한다.

```
while n<100
{
        "안녕"
}
```

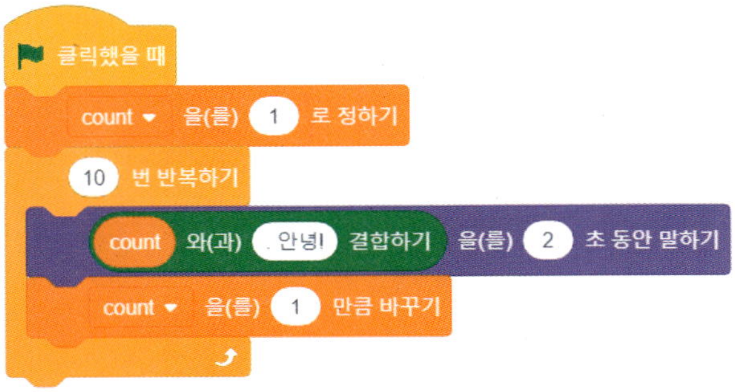

확인해 봅시다!

[확인 5-01]
고양이 스프라이트가 모양을 변경하며 걸어가게 하시오.

[확인 5-02]
펜을 이용하여 삼각형을 그리시오.

3) 특정 조건까지 반복

조건이 참이면 반복문을 실행하지 않고, 거짓이면 반복문을 실행한다. 즉, 조건 부분이 참인지 거짓인지에 따라 반복문의 실행 여부를 판단한다.

반복을 횟수를 제한하여 실행하지 않고 특정한 조건에 따라 반복을 하게할 경우, 즉, 아래와 같이 "안녕"을 스프라이트에 마우스 포인터가 닿을 때 까지만 반복하게 설정한다.

```
while <스프라이트에 마우스 포인터가 닿지 않은 경우>
{
        "안녕"
}
```

Note

확인해 봅시다!

[확인 5-03]
고양이 스프라이트가 모양을 변경하며 걸어가다가 벽에 닿으면 멈추시오.

Note

2. 실습 예제

실습하기 1 (무한 반복)

강아지 스프라이트가 방향, 크기를 임의로 변경하며 이동

: 강아지 스프라이트가 임의의 방향으로 이동하면서 임의의 크기로 변경한다.

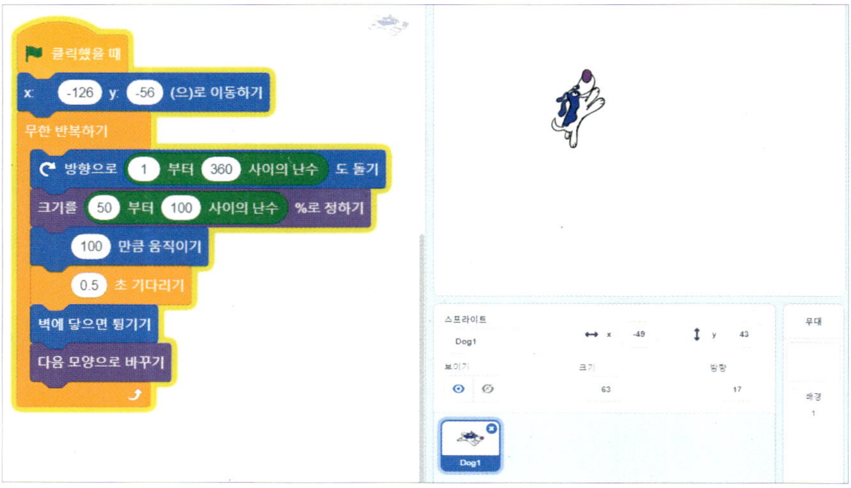

: 스프라이트의 시작 위치를 지정한다.

: 1~360도에서 임의의 각도로 돌게 지정한다.

: 50~100% 사이 크기로 변경하게 지정한다.

: 스프라이트의 움직임을 100만큼 움직이게 지정한다.

: 스프라이트가 무대의 벽에 닿으면 무대 안에서 머물게 지정한다.

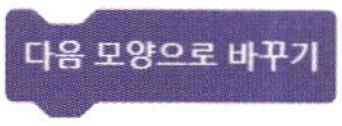

: 스프라이트에 지정된 모양으로 계속 변경하며 동작을 수행한다.

실습하기 2 **(횟수 제한 반복)**

난수를 발생하여 로또 번호 말하기

: 1부터 45까지 숫자 5번 반복하여 차례로 말한다.

① 스프라이트가 난수 발생기를 통한 숫자를 5번 반복하여 말하기

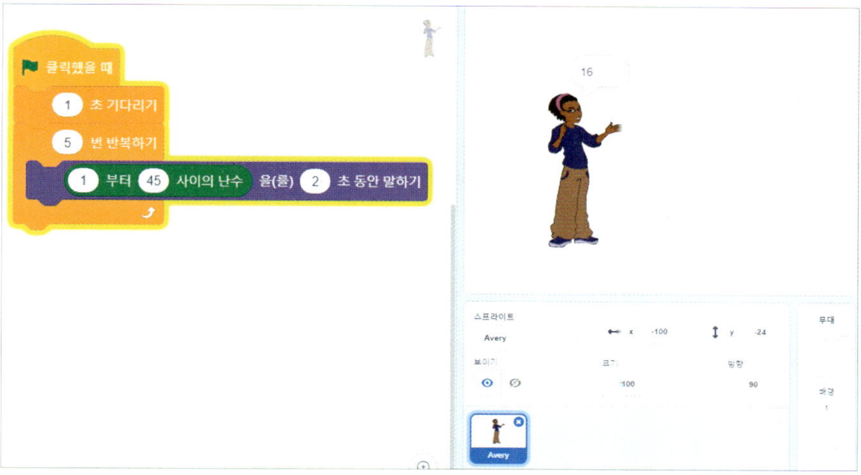

: 로또 번호의 범위인 1~45까지 중에서 임의의 수를 말하게 지정한다.

: 1~45 사이의 수를 5번 반복하여 말하게 지정한다.

Note

실습하기 3 **(횟수 제한 반복)**

1부터 10까지 더하기

: 특정 수까지 합한 결과 값을 위해 반복문을 사용한다.

① 스프라이트가 1부터 10까지 더하기 시작함

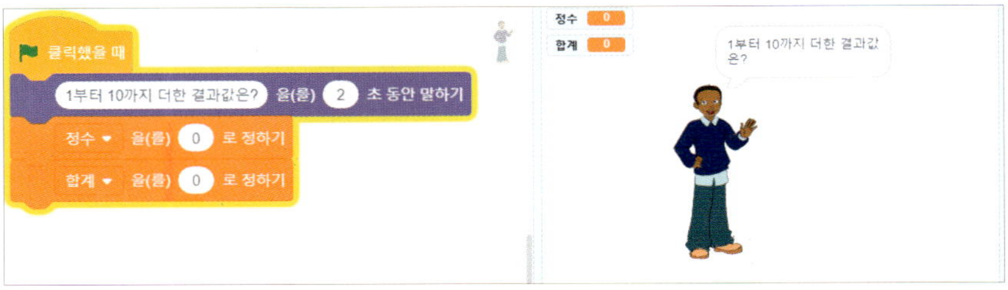

② 변수 “정수”, “합계”를 생성

: 변수 “정수”를 생성하여 초기값 0을 지정한다.

: 변수 “합계”을 생성하여 초기값 0을 지정한다.

③ “정수”는 1부터 10까지 차례로 증가하며, 각각 더해지는 값은 변수 “합계”에 계속 갱신

: 정수를 1씩 증가한다.

: 1부터 1씩 증가하면서 더하여 총합계를 낸다.

④ 10번 반복하여 1부터 10까지 더한 결과는 결과적으로 "합계"에 저장되며, "합계" 결과값을 말함

* 사용자가 입력하여 지정한 숫자까지의 합계를 구할 수도 있음

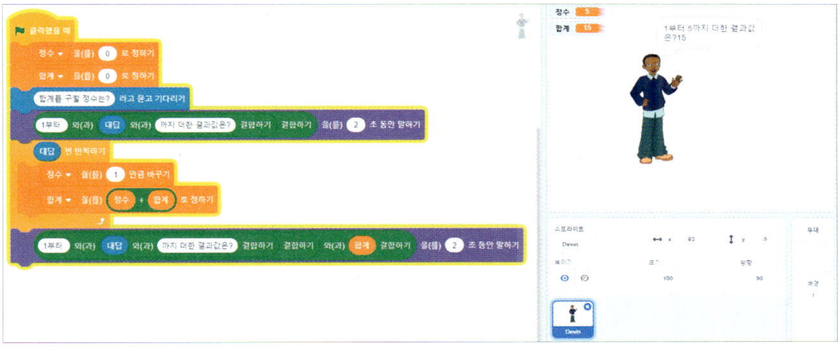

실습하기 4 **(조건에 따른 반복)**

생쥐잡기

: 생쥐가 고양이에 닿으면 사라지기

① 고양이, 생쥐가 임의의 방향으로 움직인다.

: 고양이, 생쥐 스프라이트를 임의의 위치에 이동시킨다.

② 고양이, 생쥐 모두 임의의 위치에서 계속 이동을 반복하다가 고양이와 생쥐가 닿으면 생쥐가 보이지 않게 하고 모든 움직임을 멈추게 설정한다.

- 고양이 스프라이트

임의의 위치로 계속 이동하는 고양이는 생쥐(Mouse1)를 잡으면 모든 동작을 멈추게 설정한다.

즉, 무한 반복 블록 안에 조건 블록을 삽입하여 무한 반복을 종료시킨다.

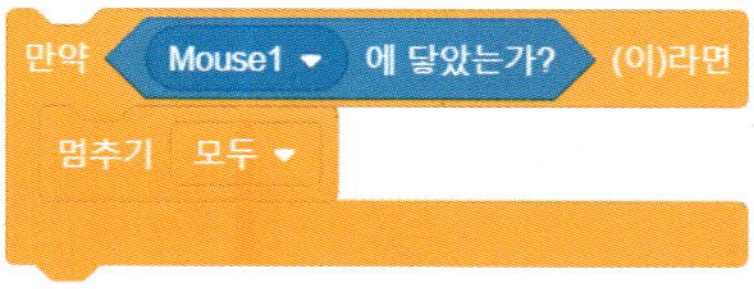

: Mouse1 스프라이트에 닿으면 모두 멈추게 설정한다.

• 생쥐 스프라이트

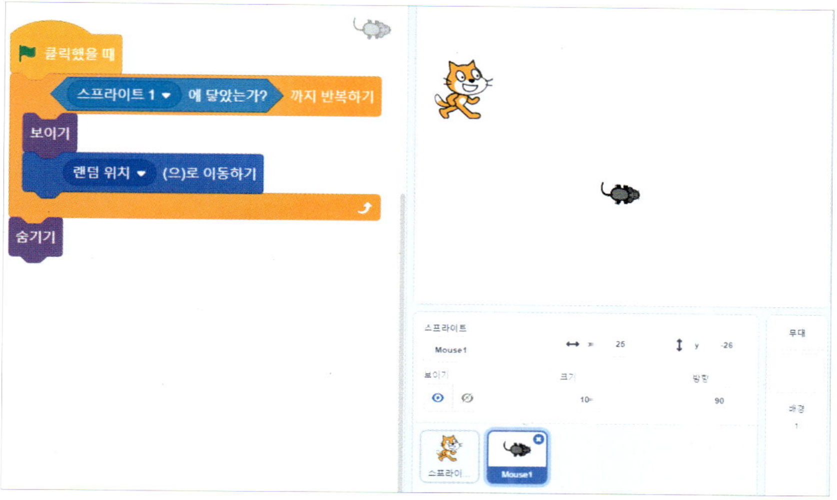

조건을 넣을 수 있는 반복문(~까지 반복하기)을 이용하여, 임의의 위치로 계속 이동하는 생쥐는 고양이(스프라이트1)와 닿지 않으면 임의의 위치로 이동하며 보이게 설정하고, 고양이와 닿으면 고양이한테 잡혀먹은 것을 표현하게 숨기기를 지정한다.

Note

Note

연습문제

01. 스프라이트가 아래와 같이 회전하며 펜으로 색을 메우는 동작을 수행하시오. (각도는 163도로 지정)

02. 발레리나가 무대에서 모양을 바꾸면서 무대 끝까지 이동하고 벽에 닿으면 튕겨서 반대방향으로 다시 이동하는 동작을 수행하시오. 마우스가 스프라이트에 닿으면 동작을 멈추게 조건을 추가하시오. (스프라이트는 발레리나를 선택, 배경도 적당한 무대 배경으로 변경)

03. 1단부터 9단까지 구구단을 말하는 프로그램을 완성하시오. 또한 사용자가 입력한 단만 구하는 프로그램도 함께 작성하시오.

04. 사용자가 정수를 계속 입력받으면서 입력받은 정수를 합하는 프로그램을 완성하시오. 사용자가 0을 입력할 경우에는 입력된 모든 정수의 합계를 말하는 프로그램을 완성하시오.

05. 사용자가 입력한 정수가 총합계라 가정하고, 1부터 더하면서 입력한 총합계보다 작거나 같을 때까지 반복하고, 결과적으로 어떤 수까지 더한 결과 값인지 말하는 프로그램을 완성하시오.

Chapter 06

변수와 리스트

Note

Tip
정하기와 바꾸기의 차이
- 변수를 x값으로 정하기
  변수 = x
- 변수를 x값으로 바꾸기
  변수 = 변수+x

1. 변수의 개념

프로젝트 내에서 데이터를 사용하기 위해서는 데이터를 저장해 둘 공간이 필요한데 이때 사용되는 것이 변수이다. 즉, 변수란 임의의 값을 저장하는 공간을 의미한다.

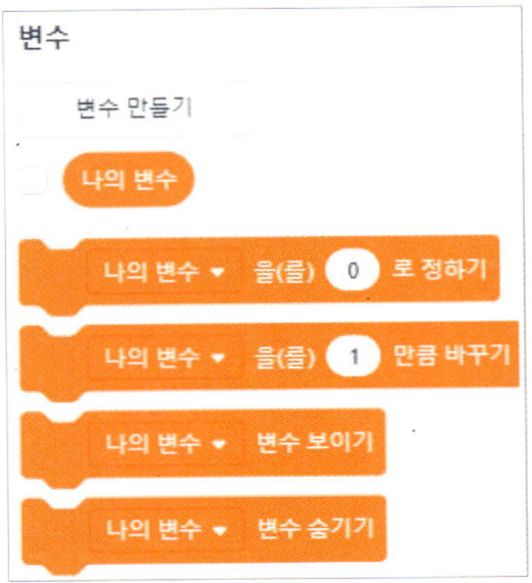

1) 전역변수

프로젝트에 있는 모든 스크립트에서 사용할 수 있다.

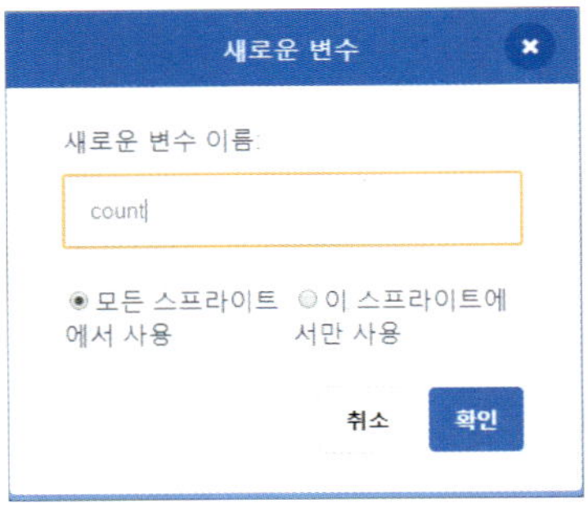

2) 지역변수

지정한 스프라이트에 속한 스크립트에서만 사용이 가능한 변수이다.

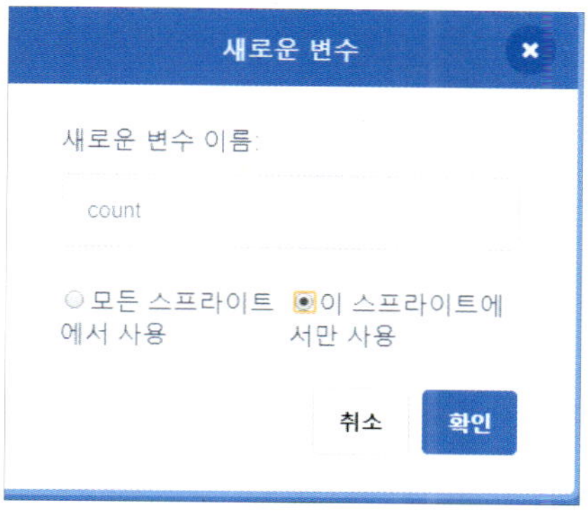

- 변수에 값을 넣는 방법 중 직접 입력하는 방법과 [슬라이더]를 사용하여 변수의 값을 지정할 수 있다.
  [슬라이더]를 사용하면 무대에서 바로 변화시켜 볼 수 있어 편리하게 사용할 수 있다.

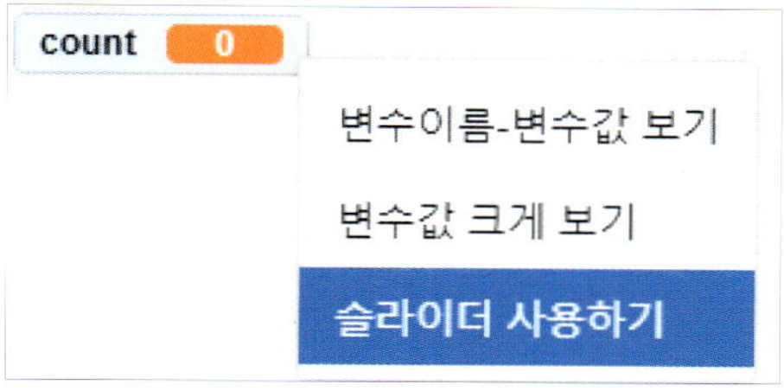

- 무대에 표시된 변수에서 마우스 오른쪽 버튼 클릭하여 [슬라이더 사용하기] 선택

Note

2. 변수 실습 예제

실습하기 1

색연필의 굵기와 색깔을 변경해 보며 정다각형 그리는 프로젝트

① 변수 생성

	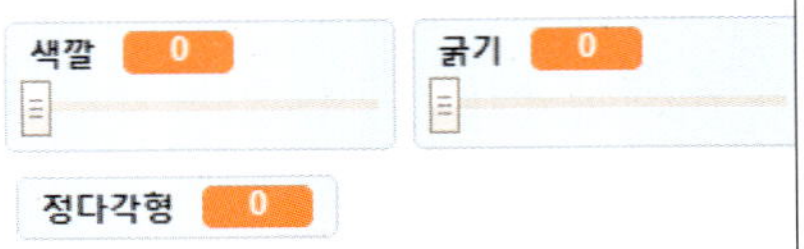
변수를 색깔, 굵기, 정다각형을 생성한다.	색깔 변수와 굵기 변수는 슬라이더를 생성한다.

② 블록 설명

블록	설명
	무대위에 펜의 흔적을 지운다.
	펜을 내려 스프라이트가 움직일 때 선을 그릴 수 있도록 한다.
	펜을 올려 선이 그려지지 않도록 한다.
	펜의 색깔을 주어진 숫자만큼 변하게 한다.
	펜의 굵기를 주어진 숫자만큼 변하게 한다.

	펜의 방향을 오른쪽(90), 아래(180), 왼쪽(-90) 보도록 한다.
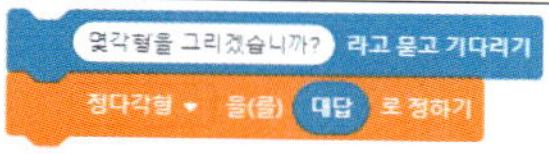	몇각형을 그릴지 묻고 입력받은 대답을 정다각형 변수에 지정한다.
	스프라이트가 입력받은 정다각형 변수만큼 반복하여 100만큼 움직이고 360/정다각형 변수만큼 회전시킨다.

③ 결과화면

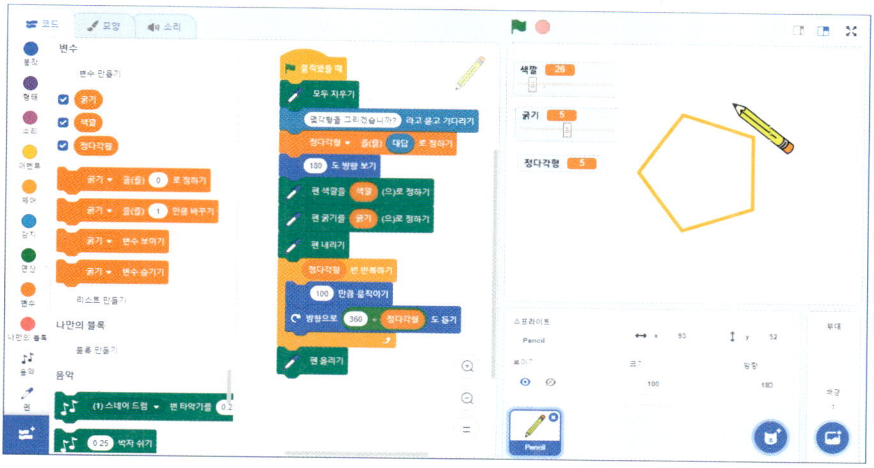

Note

실습하기 2

덧셈의 문항수를 입력받아 묻고 답하는 프로젝트

① **변수생성**

변수를 a, b, 정답을 생성한다.

② Abby 스프라이트

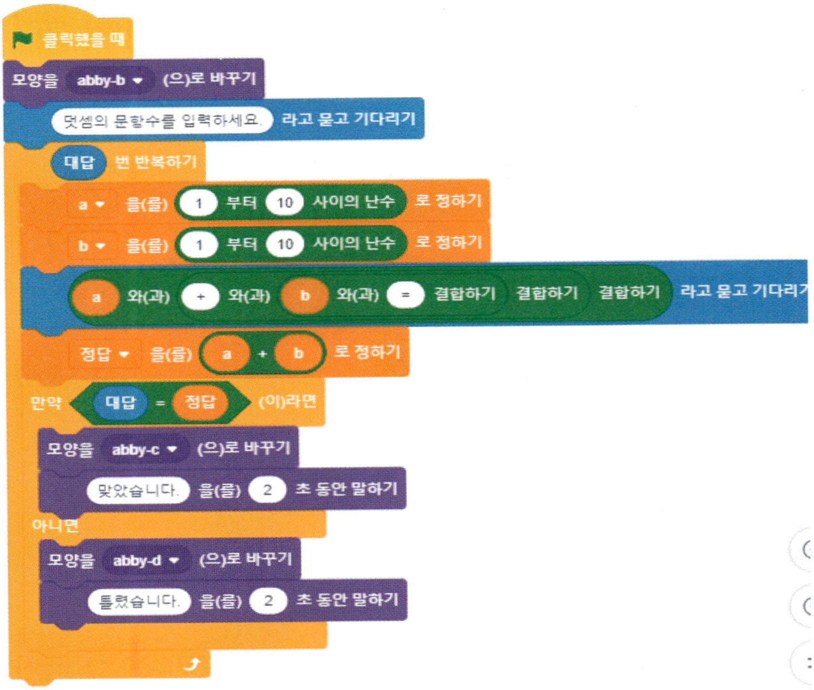

- 덧셈의 문항수를 묻고 대답을 입력받아 대답 횟수만큼 문제를 반복한다.
- a변수에 1부터 10사이의 난수로 정한다.
- b변수에 1부터 10사이의 난수로 정한다.
- a+b=? 무엇인지 묻고 a+b의 값을 정답으로 지정한다.
- 만약 대답이 정답이면 스크립트의 모양을 abby-c로 바꾸로 “맞았습니다.”를 말하고 그렇지 않으면 모양을 abby-d로 바꾸고 “틀렸습니다.”를 말한다.

③ 결과화면

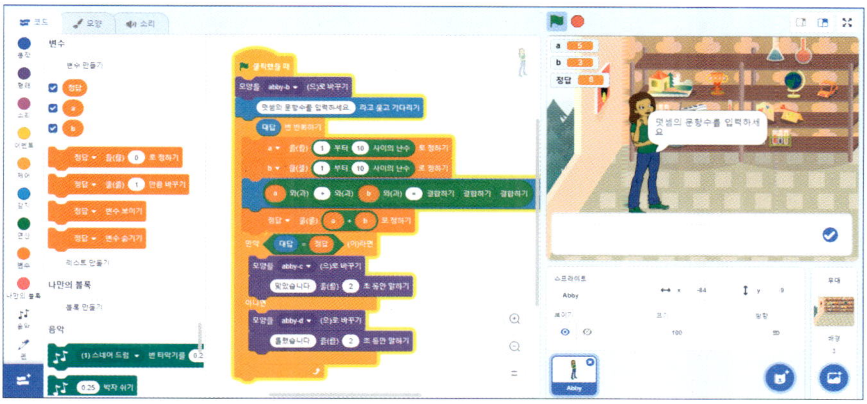

확인해 봅시다!

[확인 6-01]

다음과 같이 난수를 발생시켜 사칙연산을 하는 프로젝트를 완성하시오.

- 2개의 변수를 만들어 발생하는 난수를 저장하고 이 변수를 이용한 사칙연산 하는 프로젝트를 만드시오.

Note

Note

실습하기 3

변환하고자 하는 초를 입력받아 '시간 분 초'로 변환하는 프로젝트

① **변수생성**

변수 H(시간), M(분), S(초), second(계산할 초)를 작성한다.

② **고양이 스프라이트**

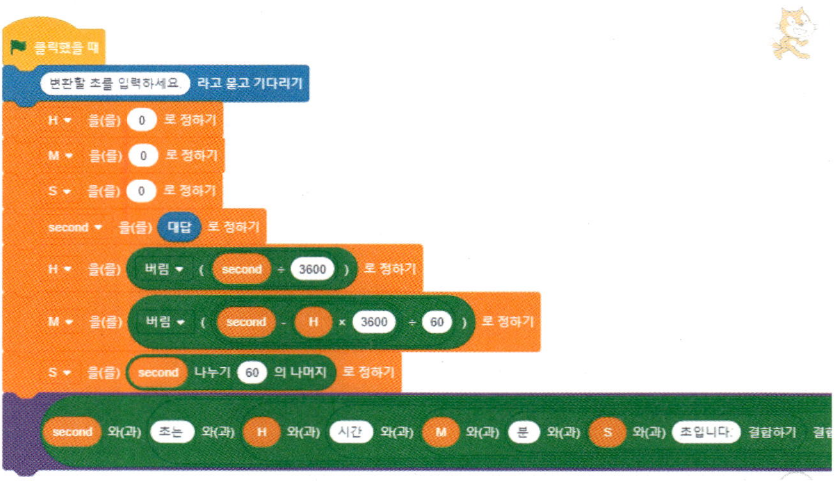

- 변환할 초를 묻고 대답을 second로 정한다.
- second를 3600으로 나누어 버림함수를 이용해 H(시간)을 계산한다.
- 시간을 뺀 나머지 초를 60으로 나누어 버림함수를 이용해 M(분)을 계산한다.
- second를 60으로 나눈 나머지값을 이용해 S(초)를 계산한다.
- 입력받은 second(초)의 H(시간), M(분), S(초)를 말한다.

③ 결과화면

Note

확인해 봅시다!

[확인 6-02]

원의 둘레와 넓이를 구하는 프로젝트를 완성하시오.

- 원의 반지름을 입력받아 원의 둘레와 원의 넓이를 계산
- r(반지름), c(둘레), a(면적)의 변수 작성
- 원의 둘레(c) = 2 X 3.14 X 반지름(r)
- 원의 넓이(a) = 3.14 X 반지름(r) X 반지름(r)

[확인 6-03]

시급에 따른 근무기간 아르바이트 비용 구하는 프로젝트를 완성하시오.

- s(시급), h(하루 근무시간), d(근무 일수) 변수 작성
- 각각의 변수 s, h, d를 입력받아 총 아르바이트 비용(모든 변수 곱하기)을 구함

3. 리스트의 개념

리스트는 대표 변수에 여러개의 데이터를 저장하는 방식으로 연속적인 다수의 항목이 순서대로 나열되어 있는 집합체이다. 일반 프로그램에서 사용되는 배열과 유사하다.

변수가 한 개의 데이터만을 저장할 수 있다면, 리스트는 여러 개의 데이터를 묶어 하나의 단위로 저장하고 관리할 수 있다.

만약 50명의 학생들의 이름을 프로그램에서 사용된다고 가정할 때 이름을 기억할 변수 50개가 필요하다. 이 경우 리스트를 만들어 50명 학생의 이름을 저장한다.

리스트를 사용하면 리스트 하나만으로 다수의 데이터를 저장할 수 있어 간단하고 편리하게 프로그래밍을 할 수 있다.

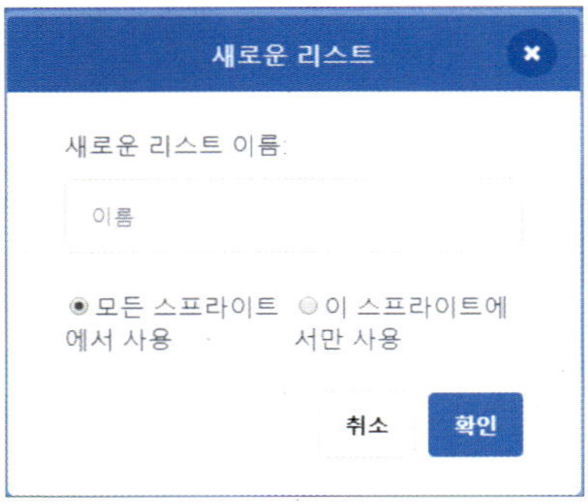

1) 리스트 블록

블록	설명
이름	리스트 이름(리스트의 내용을 저장하고 있는 블록)
항목 을(를) 이름 ▾ 에 추가하기	항목을 이름 리스트에 추가
1 번째 항목을 이름 ▾ 에서 삭제하기	이름 리스트의 1번째 항목을 삭제
이름 ▾ 의 항목을 모두 삭제하기	이름 리스트의 항목을 모두 삭제
1 을(를) 이름 ▾ 리스트의 1 번째에 넣기	1(항목)을 이름 리스트의 1번째 삽입
이름 ▾ 리스트의 1 번째 항목을 1 으로 바꾸기	이름 리스트의 첫 번째 항목을 1(항목)으로 바꾸기
이름 ▾ 리스트의 1 번째 항목	이름 리스트의 첫 번째 항목
이름 ▾ 리스트에서 항목 항목의 위치	이름 리스트에서 항목의 위치
이름 ▾ 의 길이	이름 리스트의 길이
이름 ▾ 이(가) 항목 을(를) 포함하는가?	이름 리스트에 주어진 항목(thing)이 포함되었는지 판단
이름 ▾ 리스트 보이기	리스트를 무대에 보이도록 설정
이름 ▾ 리스트 숨기기	리스트를 무대에 보이지 않도록 설정

2) 리스트에 데이터 입력

리스트 블록을 이용하여 입력하는 방법, 리스트 모니터에 직접 입력하는 방법, 마우스 오른쪽 버튼을 클릭하여 미리 저장해 놓은 텍스트 파일을 불러오는 방법 등이 있다.

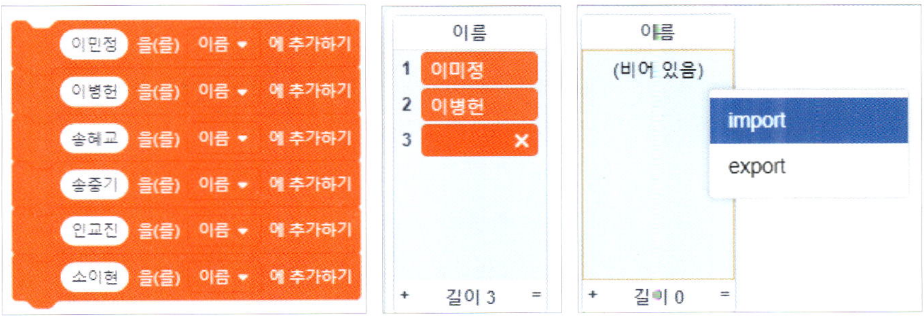

4. 리스트 실습 예제

실습하기 1

좋아하는 과일을 5개 입력하고 과일 맞춰보기 프로젝트

① **변수와 리스트 생성**

자료의 순서를 정할 n변수와 과일 이름을 넣을 과일 리스트를 생성한다.

② Monkey 스프라이트

- 과일리스트의 모든 항목을 삭제한다.
- "좋아하는 과일을 5개 입력하세요" 메시지를 내보낸다.
- 자료의 순서를 정할 n변수를 1로 정한다.
- 5번 반복하여 좋아하는 과일을 묻고 그 대답을 과일 리스트에 추가한다.
- n변수를 1씩 증가시킨다.

- "좋아하는 과일을 맞춰보세요"를 묻는다.
- 만약 대답이 과일리스트에 있다면 "맞습니다"를 말하고, 그렇지 않으면 "틀렸습니다."를 말한다.

③ **결과화면**

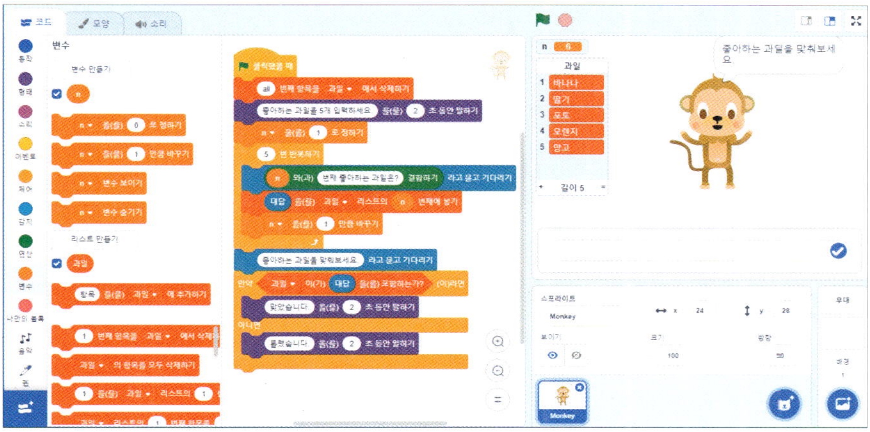

실습하기 2

학생들의 이름과 성적을 리스트에 입력하고, 성적을 검색할 학생의 이름을 묻고 그 학생의 성적을 말하는 프로젝트

① **변수와 리스트 만들기**

- 자료의 순서를 정할 n변수를 만든다.
- 학생의 이름을 넣을 이름 리스트를 만든다.
- 학생의 성적을 넣을 성적 리스트를 만든다.

Note

Note

② 고양이 스프라이트

- 모든 항목을 이름 리스트에서 삭제한다.
- 모든 항목을 성적 리스트에서 삭제한다.
- 몇 명의 학생을 리스트에 입력할 것인지 묻는다.
- 자료의 순서를 정할 n 변수를 1로 정한다.
- 대답(인원수) 만큼 반복한다.
- 첫 번째 학생의 이름을 묻고 그 대답을 이름리스트에 추가한다.
- 첫 번째 학생의 성적을 묻고 그 대답을 성적리스트에 추가한다.
- n 변수를 하나 증가시켜 인원수만큼 반복한다.

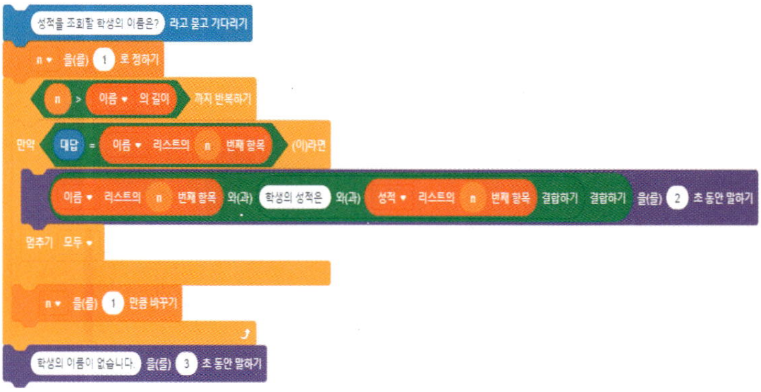

- 성적을 조회할 학생의 이름을 묻는다.
- 자료의 순서를 정할 n 변수를 1로 정한다.
- n이 이름리스트의 항목수가 될 때까지 n을 1씩 증가시켜가면서 내부 블록을 반복한다.
- 만약 n번째 이름이 대답(조회할 학생의 이름)과 같다면 찾은 데이터의 이름과 성적을 말하고 모두 멈춘다.
- 그렇지 않으면 "학생의 이름이 없습니다". 메시지를 말한다.

Note

③ 결과화면

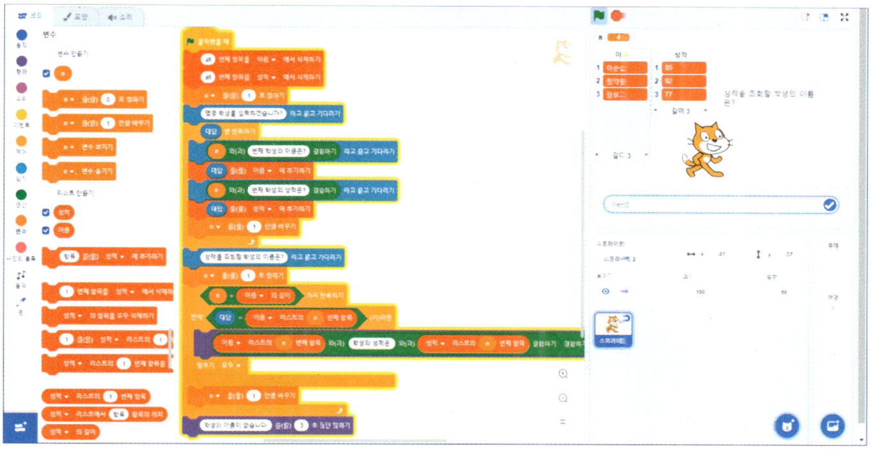

확인해 봅시다!

[확인 6-04]

버킷 이름의 리스트를 만들어 자신의 버킷리스트 5가지를 반복문을 이용해 입력해보고 리스트에 버킷리스트가 있는지 검색하여 말하는 프로젝트를 작성하세요.

Note

연습문제

01. 원금에 대한 복리이자를 계산하여 말하는 프로젝트를 완성하시오.

- 변수 : 원금, 이자율, 거치기간(년), 현재금액, 년차
- 리스트 : 금액변동
- 복리이자 계산법 = 현재금액×(이자율÷100)
- 실행시 금액변동 리스트를 모두 지우고, 원금, 이자율, 거기기간을 묻고 대답을 변수에 정한다.
- 현재금액은 원금, 년차는 1로 정한다.
- 년차〉기간일 때 까지 반복 : 현재금액을 복리 계산법에 따라 계산하고 반올림하여 금액변동 리스트에 추가
- 만기금액이 얼마인지 리스트에서 가져와 말한다.

02. 도시를 입력하고 삭제하는 프로젝트를 완성하시오.

- 리스트 : city (도시 입력), 변수 : n (자료의 수 지정)
- 클릭할 때 : city 리스트의 모든 항목 삭제, n=1로 정하기
- 1키를 눌렀을 때 : 도시를 입력을 묻고 그 대답을 city 리스트에 추가, n변수 1 증가
- 2키를 눌렀을 때 : 자료수(n)이 1보다 크다면 n을 1 감소시키고 city 리스트의 n번째 삭제할 도시를 말하고 city 리스트에서 삭제
- 자료수(n)가 1보다 크지 않다면 '삭제할 데이터가 없음' 말하기

03. 가수 리스트를 만들어 가수를 입력하고 좋아하는 가수가 리스트에 있는지 검색하여 알려주는 프로젝트를 완성하시오.

- 리스트 : 가수, 변수 : n
- 몇 명의 가수를 입력할 것인지 묻고 그 대답만큼 반복하여 가수 이름을 가수 리스트에 추가
- 좋아하는 가수를 묻고 가수 리스트에 있는지 검색하여 말하기

Chapter 07

사용자 정의 블록
(나만의 블록)

Note

스크래치 2.0에서의 추가블록 내 "블록 만들기"의 개념이 스크래치 3.0에서는 "나만의 블록"에서 "블록 만들기"를 이용하여 만들 수 있다.

1. 사용자 정의 블록의 개념

프로젝트 수행 시 기존 블록의 한계가 있을 경우, 즉, 사용자가 원하는 기능을 수행 할 수 있는 블록이 없을 때, 사용자가 직접 추가하여 만들 수 있는 블록, 즉, 나만의 블록이라고 한다. 나만의 블록은 복잡한 스크립트를 단순하게 만들 수 있으며, 자신이 만든 스크립트의 기능이므로 더 편하게 수정, 보완 할 수 있다. 일반적으로 다른 프로그래밍 언어에서 함수와 같은 역할을 한다.

나만의 블록 → "블록 만들기"를 원하는 이름의 블록을 추가적으로 생성할 수 있다.

"블록 만들기"를 선택하면, 블록의 이름을 임의로 지정하여 설정할 수 있으며, 그 아래에 입력값(숫자 또는 문자열, 논리값 → 매개변수) 혹은 라벨을 추가할 수 있다.

매개변수 없이 합계를 내는 블록을 만들 경우, 

블록을 생성하여 합계 블록 내에서 합계 내고자 하는 동작을 실행할 수 있게 관련 블록들을 연결하여 만든다.

만약 메인 블록에서 사용자가 지정한 특정한 수까지 더하고자 할 경우, 특정수를 전달하면 합계 블록은 전달받은 특정수까지 더하는 기능을 수행하게 한다. 즉, 매개변수를 숫자로 전달할 경우를 의미하며, 블록을 생성할 경우 

와 같이 매개변수가 들어갈 공간을 추가한다. 이 블록에 대한 정의는 

블록 매개변수 number를 이용하여 합계를 내는 기능을 수행하게 블록들을 조합하여 만든다.

확인해 봅시다!

[확인 7-01]

나만의 블록을 이용하여 삼각형을 지정한 개수만큼 그리시오.

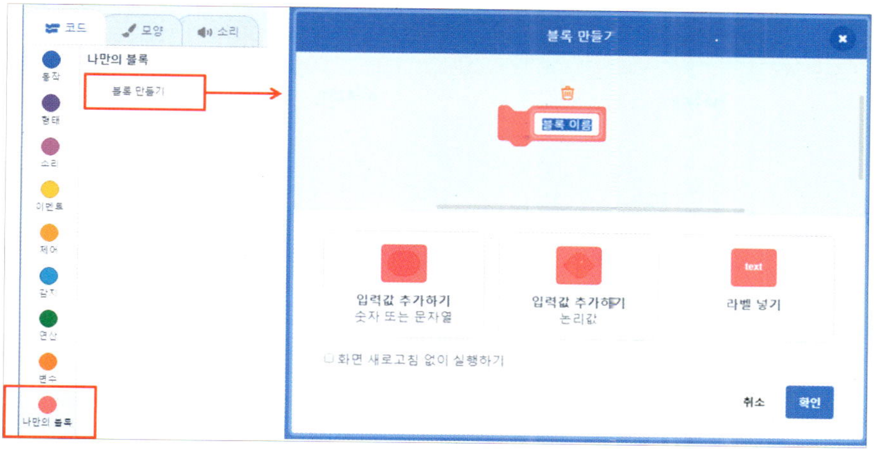

Note

- 나만의 블록의 블록 이름은 블록의 기능을 설명할 수 있는 이름으로 지정하는 것이 블록을 나 뿐 아니라 다른 사람이 나의 스크래치 코드를 이해하는데 도움이 된다.

- 생성한 나만의 블록을 메인 블록에서 호출할 경우, 값을 전달할 수 있다. 이 값을 인수라고 하고 나만의 블록에서 전달된 값을 받는 변수를 매개변수라고 한다. 쉽게 말해서 나만의 블록에서의 입력값을 매개변수라 한다.

Note

2. 실습 예제

실습하기 1

1부터 n까지 더하기

: 새로운 블록 추가를 정의하여 1부터 지정한 값 n까지 합하는 일을 수행한다.

메인 블록

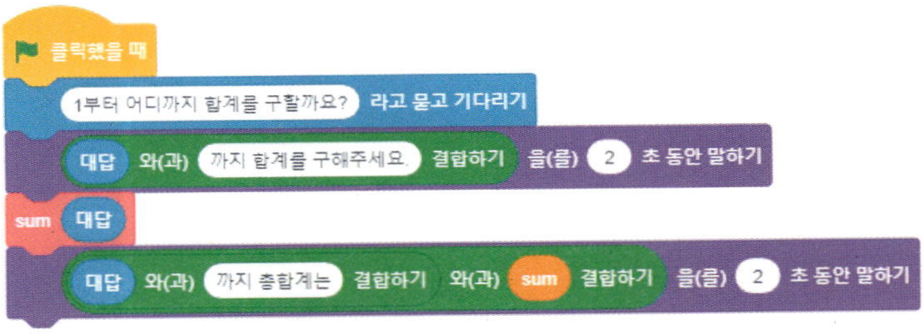

: 대답한 숫자까지의 합계를 구할 나만의 블록으로 추가한 sum 함수 블록이다. 여기서 대답은 정의된 사용자 지정 블록인 sum이라는 함수의 매개변수로 전달되어 함수 내에서 num의 값으로 지정되고, num의 값까지 더한 값을 구할 수 있다.

① 입력받은 변수 num 만큼 반복하여 n이 증가할 때마다 차례로 합해진 값을 변수 sum에 저장, 갱신

대답한 숫자를 변수 num으로 받아서 함수 내에서 사용한다.

아래 예에서 대답을 100으로 했기 때문에 num의 값이 100으로 지정되며, 함수 내에서 100만큼 반복하여 n=1부터 하나씩 증가하여 sum 변수에 합하는 값을 계속 저장하여 갱신한다.

② 실행 화면 : 메인 블록에서 어디까지 더할 것인지의 대답으로 100으로 지정, 나만의 블록 함수에서 매개변수인 num으로 대답의 값인 100을 전달받아 1부터 100까지의 합계를 대답한다.

- 합계를 구할 정수 입력하기

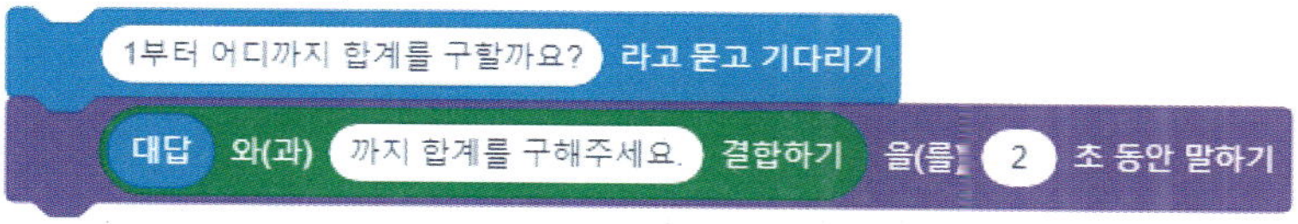

- sum 함수를 거쳐 나온 결과 말하기

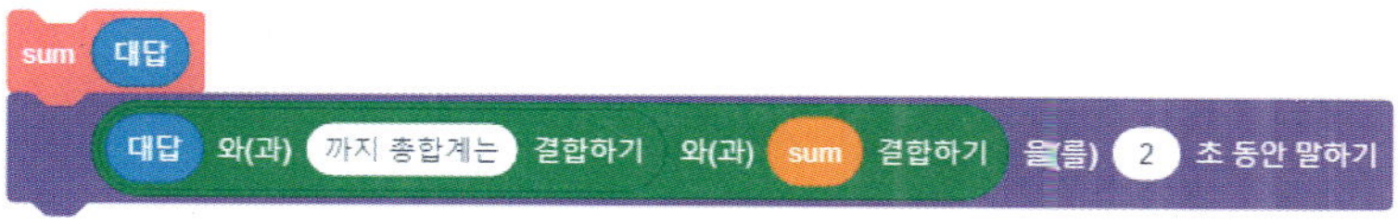

Note

실습하기 2

다각형 그리기

: 추가 블록을 정의하여 지정된 개수만큼 다각형 그리는 작업을 수행한다.

메인 블록

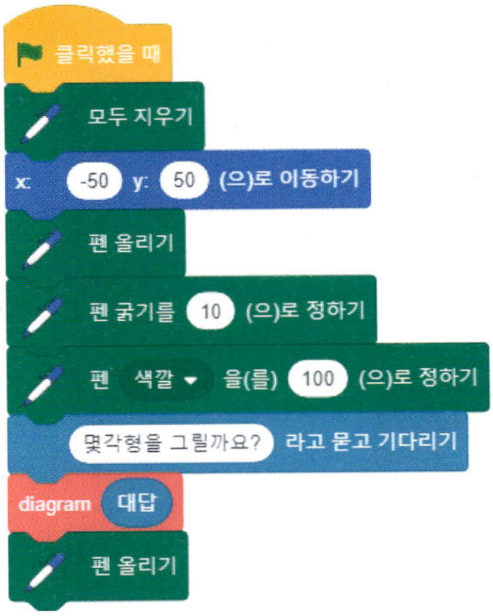

: 기존 무대를 깨끗하게 만든다.

: 그릴 준비 혹은 작업을 마친 후를 위해 펜을 들고 있다.

: 펜의 굵기와 색깔을 지정한다.

: 몇각형을 그릴지 대답하여 다각형 그리는 함수 블록을 불러와 실행한다.

① 입력받은 변수 num이 다각형의 변의 개수이므로 원하는 다각형을 그린다.

대답한 숫자를 변수 num으로 받아서 함수 내에서 사용한다.

아래 예에서 대답을 5으로 했기 때문에 num의 값이 5으로 지정되며, 5각형을 그린다.

* 360도를 그리고자하는 다각형의 변의 수로 나누면 원하는 다각형을 그릴 수 있다.

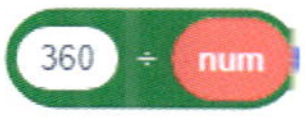

② 실행 화면 : 메인 블록에서 몇각형을 그릴 것인지의 대답으로 5로 지정, 나만의 블록 함수에서 매개변수인 num으로 대답의 값인 5를 전달받아 5각형을 그린다.

- 몇각형을 그릴 것인지 입력하고 그에 따른 5각형 그리기

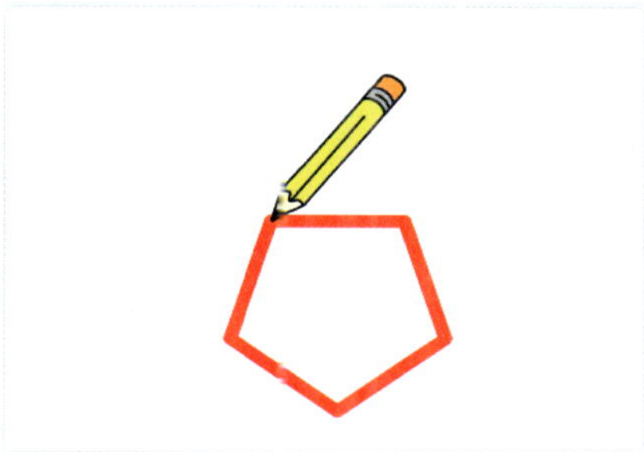

Note

Tip

연필 스프라이트의 중심점은 스크래치 위 메뉴에서 모양탭에서 스프라이트 위치 변경이 가능하다.

Note

연습문제

01. 점수 리스트에 10명의 성적점수를 입력하면 자동으로 합계와 평균을 구할 나만의 블록을 만드시오.

02. 두 개의 정수를 입력받아 원하는 사칙연산을 수행하는 나만의 블록을 만드시오.

03. 원의 반지름을 입력 받아 원의 넓이를 구하여 반환하는 나만의 블록을 만드시오.

04. 스프라이트가 꽃밭에 물을 줄때마다 임의의 개수(최대값 5)만큼 꽃이 피는 나만의 블록을 만드시오.

Chapter 08

알고리즘
(Algorithm)

Note

1. 알고리즘 작성

1) 의사코드(Pseudocode) 작성

의사코드(Pseudocode, 슈도코드, 수도코드, 유사코드라고 불림)는 알고리즘을 어떻게 짤지 계획할 때 사용되는 비공식적인 도구이다. 머리속으로 코드 내용을 전부 생각해 낸 후 코드를 작성하는 것은 불가능에 가깝다. 따라서 실제 프로그램 코드를 작성하기 전에 프로그램의 진행 과정을 단계별로 요약 정리하기 위해 의사코드를 많이 사용한다. 의사코드는 프로그래밍 언어와 자연어가 섞여 있는 형태로 작성되지만, 기술적인 부분보다는 프로그램의 흐름을 이해하기 쉽게 표현하기 위해 작성된다. 의사코드는 프로그램의 문제를 해결하기 위한 도구로 또는 프로그램의 흐름에 대한 소통의 방법으로 많이 활용된다.

2) 순서도(Flow Chart) 작성

순서도는 다이어그램의 종류 중 하나로 여러 종류의 상자와 이를 이어주는 화살표를 이용해 명령의 순서를 보여주는 알고리즘 혹은 프로세스를 말한다. 순서도는 프로그램의 흐름을 기호화한 것으로 정해진 기호를 사용하여 알고리즘을 표현한다. 프로그램의 흐름을 단순화하여 분석이 명료해지고 논리적인 오류를 쉽게 파악할 수 있다. 또한 도식화된 기호를 이용하기 때문에 다른 사람이 쉽게 이해하기 쉽다.

같은 문제 해결을 위한 순서도는 여러 가지 방법으로 작성이 가능하다. 예를 들어 아래 그림과 같이 1부터 100까지 합계를 구하는 위해 조건구조 기반 혹은 순환구조 기반의 순서도에 따라 각각 다른 문제 해결 방법이 있을 수 있다.

▶ 1부터 100까지 합계를 구하는 알고리즘 순서도 작성법

조건구조	순환구조
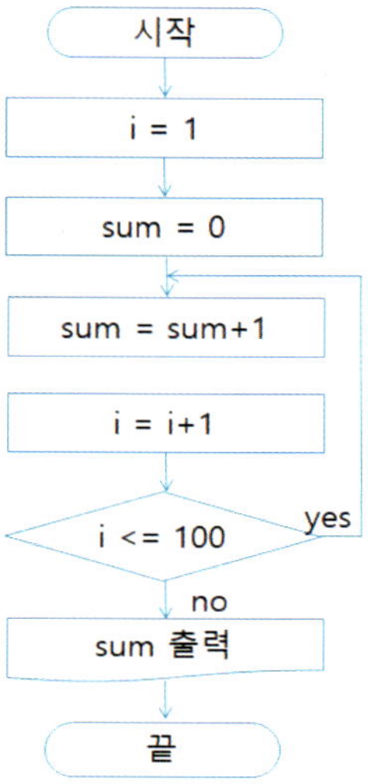	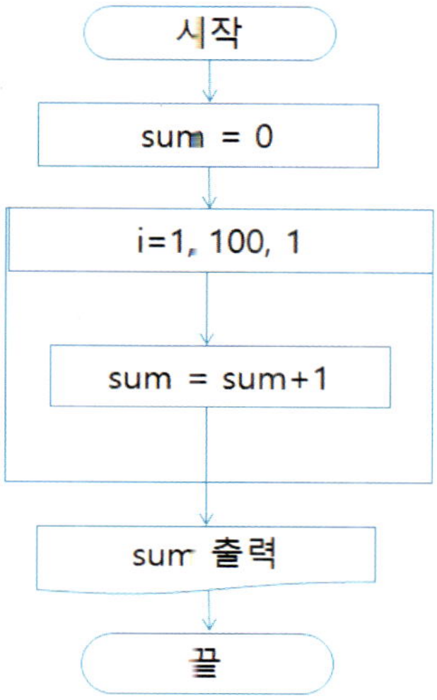
1부터 1씩 증가하며 sum에 합계를 누적, 100까지 합하였을 때 멈추게 하는 조건에 따라 총합계 표현	반복을 통하여 1부터 100까지 1씩 증가하여 sum에 합계를 누적하여 총합계를 표현

위의 두개의 순서도는 큰 차이는 없어 보이지만 좀 더 복잡한 알고리즘을 수행할 경우 이해의 정도나 본인만의 스타일에 따라 순서도 작성에 많은 차이점을 보일 수 있다. 따라서 이러한 순서도가 프로그램 개발의 기초가 되고 나중에 본인 또는 타인에 의해 디버깅이 필요한 경우도 있으므로 가장 먼저 이해하기 쉬운 순서도를 작성해야 하며, 나아가 가장 효율적으로 문제를 해결하는 방법을 선택하여 순서도를 작성해야 한다.

확인해 봅시다!

[확인8-01]
1에서 100까지의 자연수 중 짝수의 합계를 구하는 순서도를 작성하시오.
단, 조건 구조에서 나머지 함수를 이용하도록 한다.

[확인8-02]
1+2+4+7+11+……의 순서로 10번째 항까지 합계를 구하는 순서도를 작성하시오.
단, 처리조건으로 다음 변수를 사용한다.
K : 증가치를 나타내는 변수, N : 각 항을 나타내는 변수, H : 합계를 나타내는 변수

Note

Tip
디버깅이란 프로그램이 완전한 것이 될 때까지 프로그램상에 있는 에러를 수정하는 작업이다.

Note

2. 알고리즘 실습 예제

실습하기 1 두 수 교환하기

순서도	의사(Pseudo) 코드
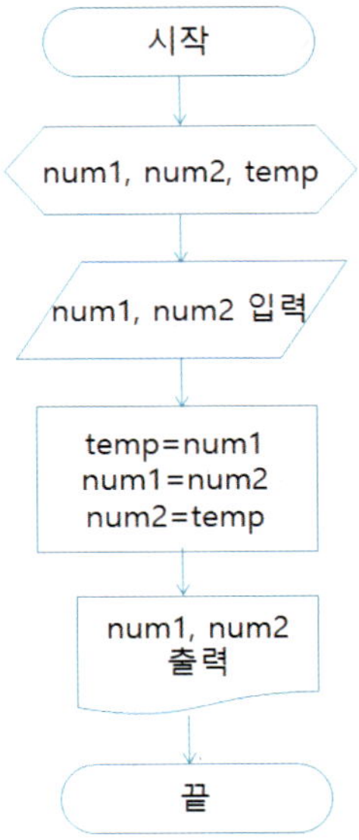	int num1, num2, temp input num1 input num2 temp ← num1 num1 ← num2 num2 ← temp print num1, num2

① **변수생성**

- 변수 num1, num2, temp를 만든다.

② 고양이 스프라이트

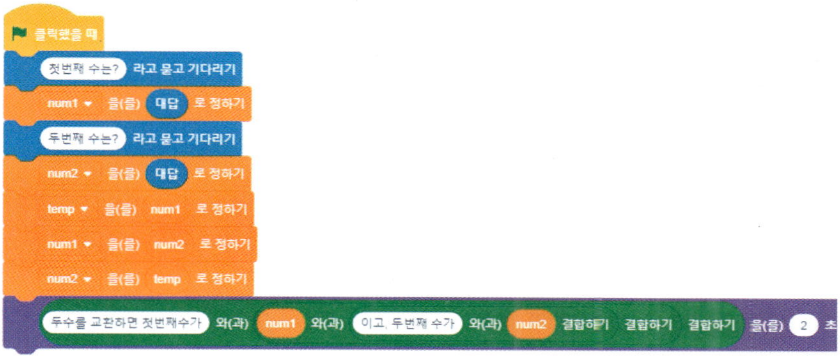

- 첫 번째 수를 묻고 대답을 num1 변수에 저장한다.
- 두 번째 수를 묻고 대답을 num2 변수에 저장한다.
- temp에 num1의 값을 넣는다.
- num1에 num2의 값을 넣는다.
- num2에 temp의 값을 넣는다.
- num1과 num2를 출력한다.

③ 결과화면

Note

Note

Tip
/ 기호는 나눈 후 몫을 의미하며, % 기호는 나눈 나머지를 의미함

실습하기 2 홀수, 짝수 판별

홀수와 짝수의 판별은 2로 나누어서 나머지가 0이면, 짝수이고 1이면 홀수이다. 따라서 조건에 2로 나누어 나머지의 값으로 홀수, 짝수를 구분할 수 있다.

<table>
<tr><th>순서도</th><th>의사(Pseudo) 코드</th></tr>
<tr><td>
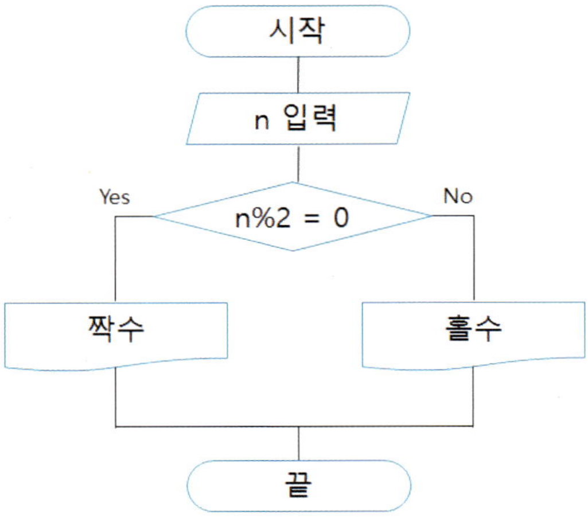

</td><td>
n 입력

if n%2==0 {
"짝수"
}
else {
"홀수"
}
</td></tr>
</table>

① 고양이 스프라이트

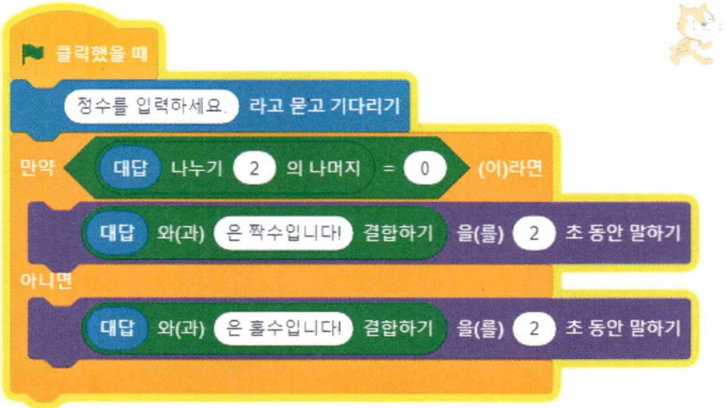

② 결과화면

- 숫자를 말하고, 대답한 수를 2로 나누어 나머지가 0인지 아닌지 조건에 따라 판별한다.
- 2로 나누고 나머지 값이 0이면, 짝수라고 말하며, 그렇지 않으면 홀수라고 말한다.

실습하기 3 최대값, 최소값 구하기

순서도	의사(Pseudo) 코드

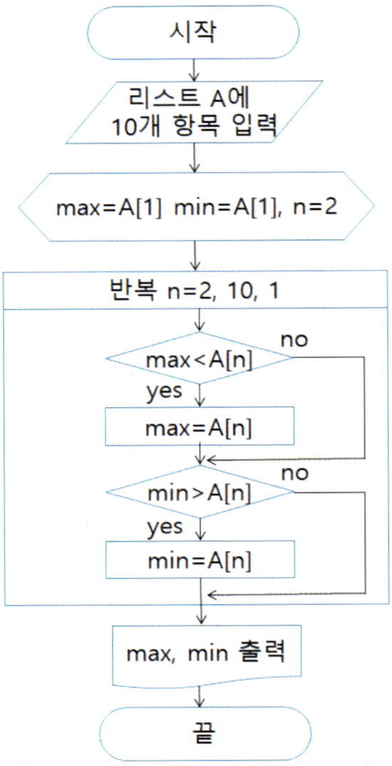	A리스트에 10개 숫자입력
	max=A[1]
	min=A[1]
	n=2
	for n, 10, 1 {
	if max < A[n]
	max = A[n]
	if min > A[n]
	min = A[n]
	}
	print max, min

① **변수와 리스트 생성**

변수 max, min, n을 만들고, 리스트 A를 만든다.

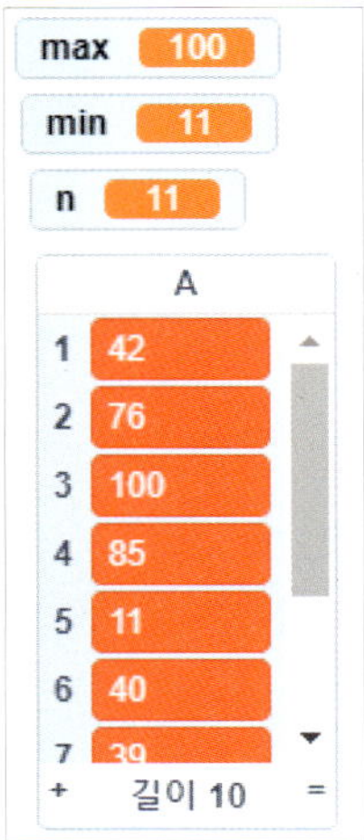

② 고양이 스프라이트

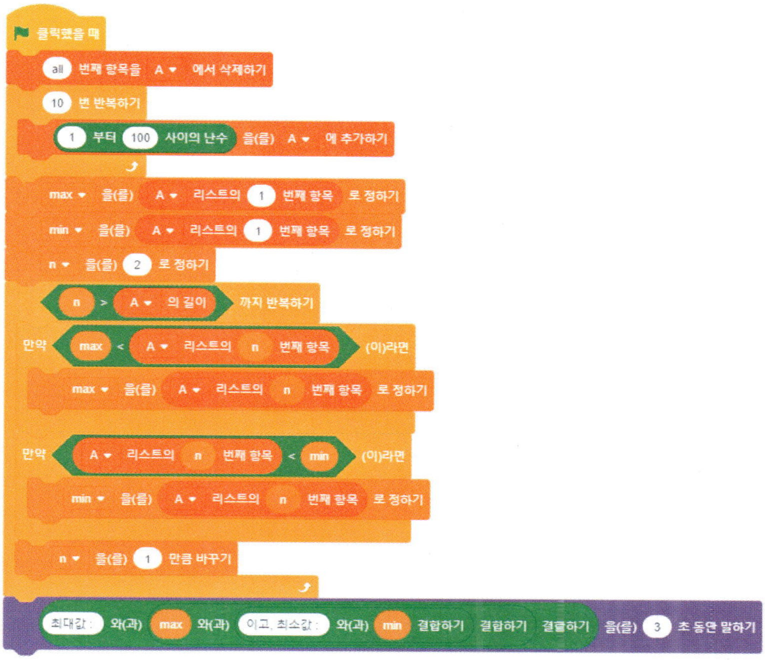

- 리스트 A를 만들어 10개의 데이터에 1부터 100 사이의 난수를 발생시켜 리스트에 추가한다.
- max, min, n변수를 만든다.
- max=A[1], min=A[1], n=2로 정한다.
- n이 A 리스트의 크기(10)만큼 반복하며 만약 max<A[n]이면 max=A[n]로, min>A[n]이면 min=A[n]로 최대값과 최소값을 정한다.
- 최대값 max와 최소값 min을 출력한다.

Note

Note

③ 결과화면

max 93
min 16
n 11
A
1 78
2 64
3 18
4 19
5 43
6 75
7 16
+ 길이 10 =
최대값 : 93이고, 최소값 : 16

실습하기 4 피보나치 수열 I

피보나치 수열은 처음 두 항은 1이고, 세 번째 항부터는 앞 두 항의 합의 값이 된다. 즉, 아래와 같이 세 번째 항은 앞의 두 항을 합한 2가 되며, 네 번째 항은 두 번째 항, 세번째 항의 합인 3이 된다. 이와 같은 규칙에 의해 연속적으로 나아가는 수열을 피보나치 수열이라 한다.

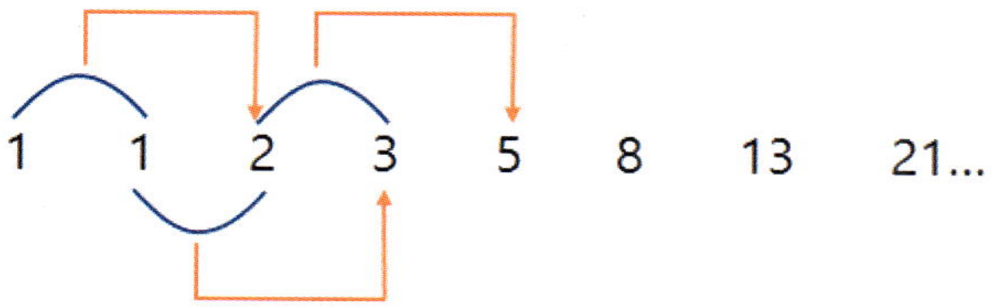

i번째 항 값 $= (i-2)$의 항 값 $+ (i-1)$의 항 값

<table>
<tr><th>순서도</th><th>의사(Pseudo) 코드</th></tr>
<tr><td>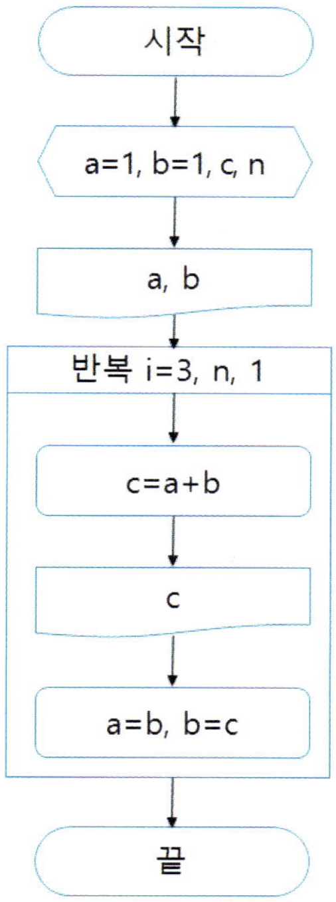
</td><td>a=1, b = 1로 초기화
반복횟수=n 입력

for 3, n, 1 {
c=a+b
print c

a=b
b=c
}</td></tr>
</table>

Note

① 고양이 스프라이트

- 변수 a, b, c, i 선언, 리스트 result 선언한다.
- 최초 변수 a와 b는 1로 초기화 및 리스트(result)에 삽입, c부터는 a+b의 결과는 result 리스트에 입력된다.
- 항이 바뀔 때마다 이전값과 그 이전값이 더해져서 result 리스트에 추가된다.
- 대답이 8이면, 8개 항이 리스트 result에 저장되어 표현된다.

② 결과화면

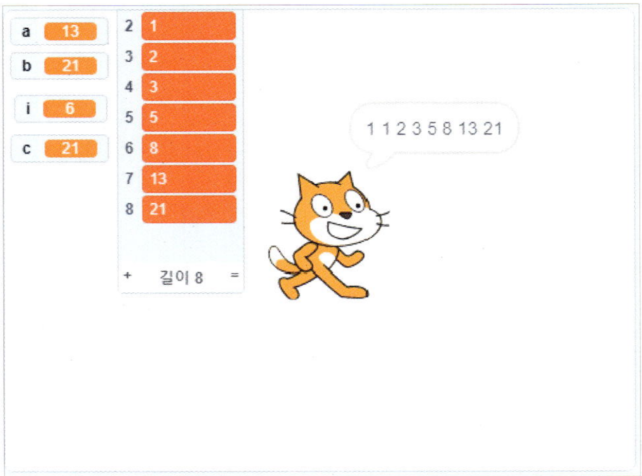

실습하기 5 피보나치 수열 II

재귀함수를 이용한 피보나치 수열 구하는 프로젝트

→ 리스트를 만들지 않고 나만의 블록을 이용해 재귀함수로 작성한다.

① 변수와 사용자 정의 블록 만들기

변수 a, b, 결과를 만든다.

나만의 블록 피보나치를 만들고 숫자 매개변수 n을 지정하여 정의한다.

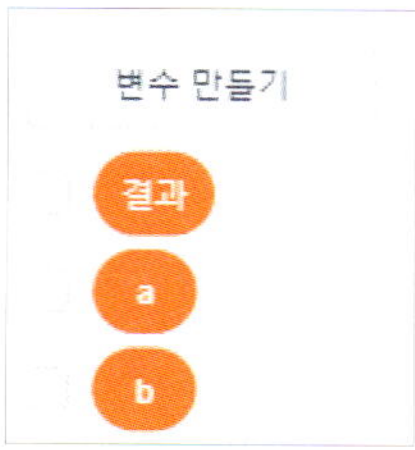

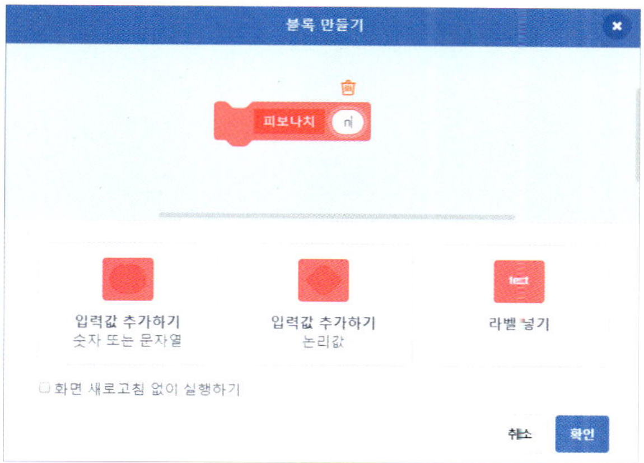

Note

② 고양이 스프라이트

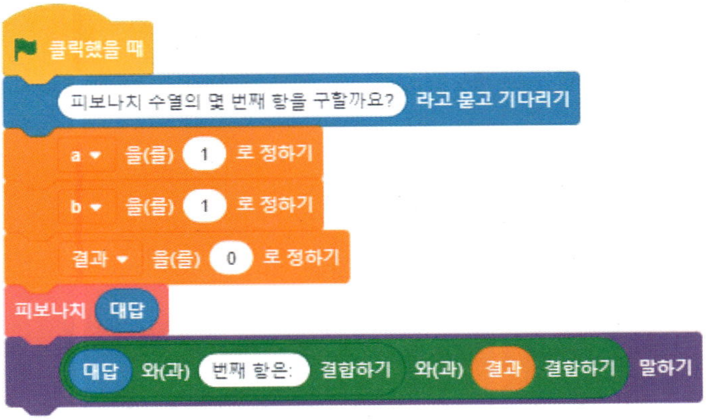

- 실행을 하면 구하고자 하는 항의 번째 수를 묻고 기다린다.
- 각 변수에 값을 a=1, b=1, 결과=0 으로 정한다.
- 피보나치 정의하기 블록에 대답을 매개변수로 하여 호출한다.
- 대답번째 항의 결과를 말한다.

③ 피보나치 정의 블록

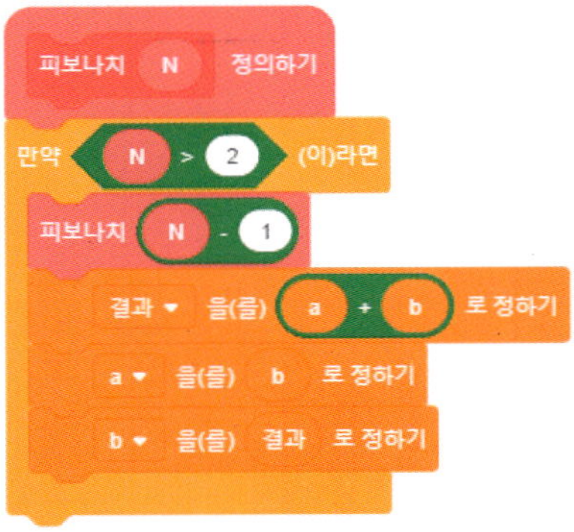

- 만약 n>2라면 매개변수의 n값을 1씩 감소시켜 다시 피보나치 함수를 호출한다. (자신을 다시 호출하는 재귀의 개념이 사용됨)
- 계속 자신을 참조하면서 매개변수 값이 2가 되면 차례대로 항을 더하면서 돌아옴.

- 호출이 끝나면 결과 = a+b, a=b, b=결과로 정한다.

  예) N의 값을 5로 호출한 경우

피보나치 N : 5

5 > 2 이므로 [피보나치 N-1 : 4] 결과=2, a=1, b=2

4 > 2 이므로 [피보나치 N-1 : 3] 결과=3, a=2, b=3

3 > 2 이므로 [피보나치 N-1 : 2] 결과=5, a=3, b=5

피보나치 수열 : 1, 1, 2, 3, 5, 8, 13, …

5번째 항의 값은 결과 =5 이다.

	초기값	피보나치4	피보나치3	피보나치2
결과	0	2	3	5
a	1	1	2	3
b	1	2	3	5

④ **결과화면**

실습하기 6 **선형검색**

선형검색은 주어진 데이터 집합에서 원하는 데이터를 처음부터 순차적으로 비교하며 찾는 방법이다. 정렬되어 있지 않은 데이터를 검색하거나 검색목록의 개수가 적을 때 사용하는 것이 좋다.

찾고자 하는 값을 리스트의 첫 번째 값과 비교, 리스트의 두 번째 값과 비교, 리스트의 세 번째 값과 비교해가며 검색해 나가는 방식이다.

순서도

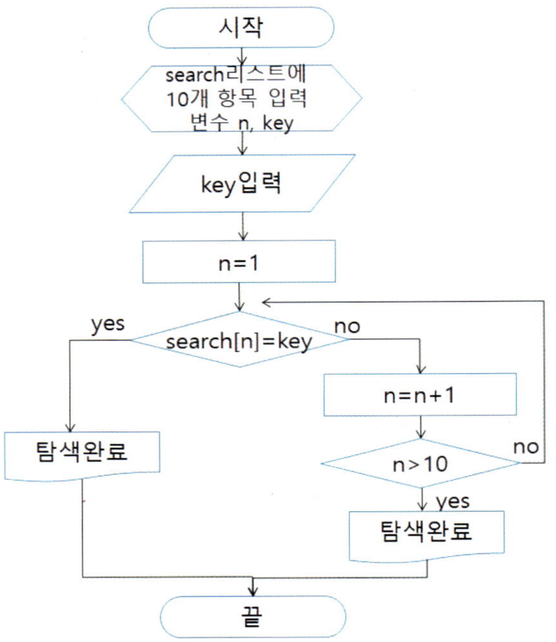

의사(Pseudo) 코드

```
for(int n=0; n < size; n++)
{
  if (key=search[ n ])
   {
      return n;
   }
}
```

① **변수와 리스트 만들기**

- 리스트 내에서 입력과 검색시 1씩 증가시킬 기준 변수 n 만들기
- 찾을 값을 저장할 key 변수 만들기
- 데이터를 입력할 리스트 search 만들기

② insert **스프라이트**

i-block 스프라이트를 이용하고 텍스트 툴을 이용해 Insert 스프라이트를 만든다.

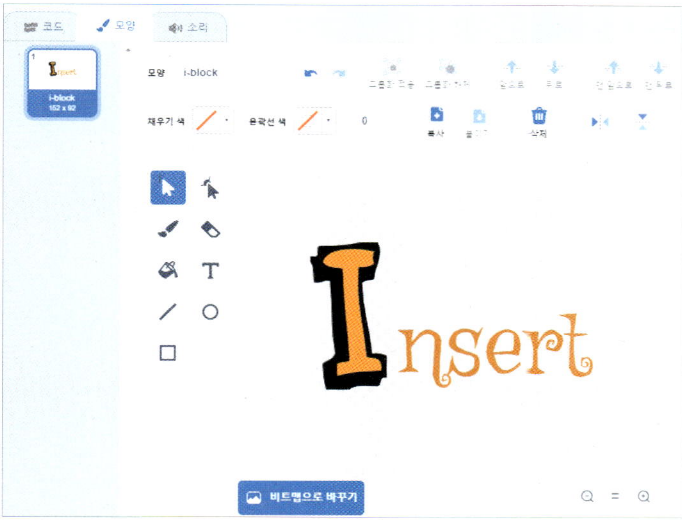

Note

Note

- insert 스프라이트를 클릭할 때 search 리스트의 모든 항목 삭제하기
- 10개의 숫자를 묻고 대답을 search 리스트에 추가하여 n을 1씩 증가시키며 10번 반복한다.

③ search 스프라이트

s-block 스프라이트를 이용하고 텍스트 툴을 이용해 Search 스프라이트를 만든다.

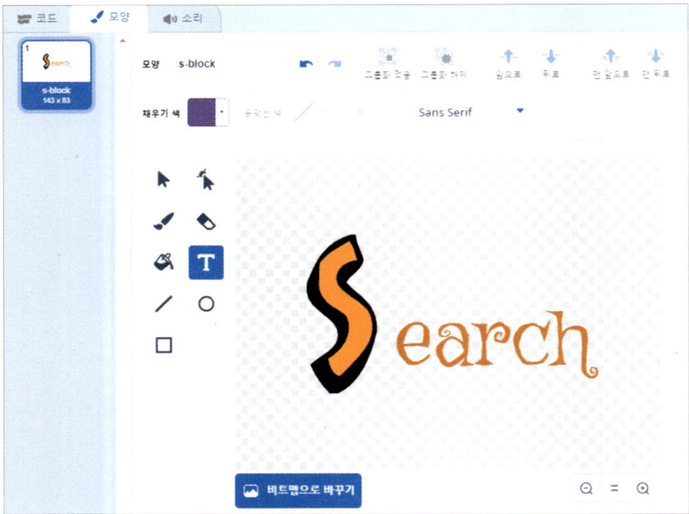

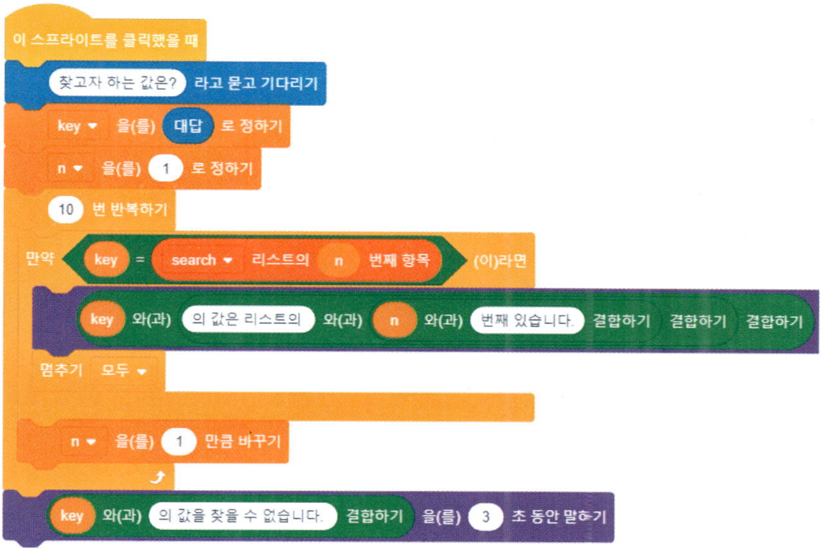

- search 스프라이트를 클릭할 때 찾고자 하는 값을 물어 그 대답을 key에 저장한다.
- n=1로 정하고 n의 값을 1씩 증가시키며 리스트 search(n)의 항목을 검색한다.
- 만약 key가 search리스트의 n번째 항목과 같다면 key는 리스트의 n번째 있다고 말하기
- 그렇지 않으면 key는 찾을 수 없음 말하기

④ 출력화면

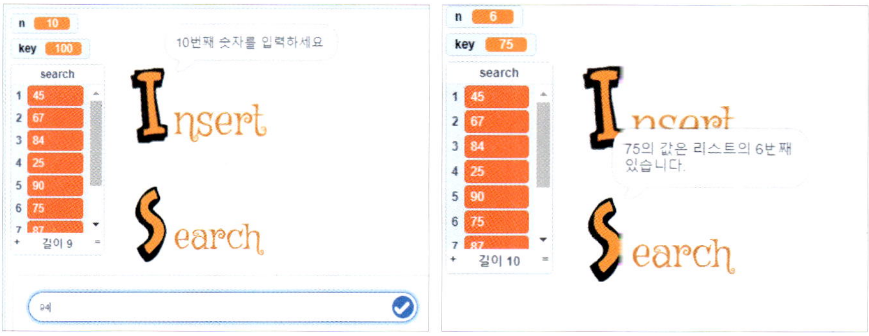

Note

Note

실습하기 7 **이진검색**

이진 검색은 정렬된 데이터 집합을 이분화하여 검색하는 방식이다.

이미 정렬되어 있는 데이터에서 원하는 데이터를 찾을 때까지 데이터 목록을 반으로 나누어 검색하는 방법으로 선형검색 방법보다 더 빠르게 검색된다.

처음 중간값을 임의의 값으로 선택, 찾는 값과 비교한다. 중간값이 찾는 값보다 크다면, 중간값이 새로운 최대값이 되며, 중간값이 찾는 값보다 작다면, 중간값이 새로운 최소값이 된다.

검색이 반복될 때마다 찾는값을 찾는 확률이 두 배가 되므로 검색 속도가 빠르다.

순서도

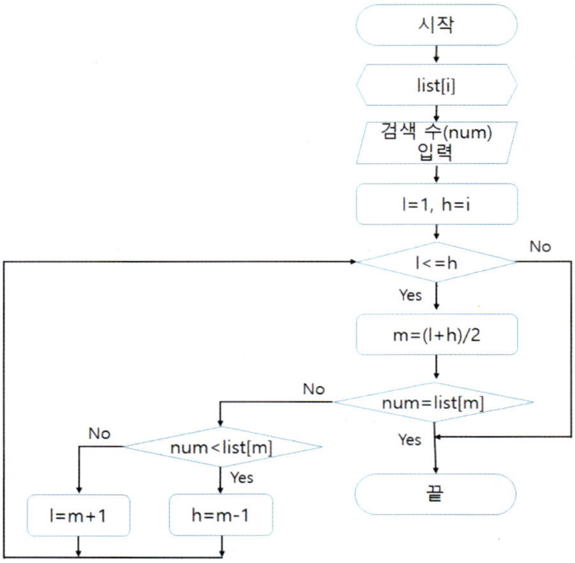

의사(Pseudo) 코드

```
if low <= high {
 mid=(low+high)/2
 if num != list[mid] {
  if num < list[mid] {
   high=mid-1
  }
  low=mid+1
 }
  else {
   break
  }
 break
}
```

① **변수, 리스트 생성**

변수 h, l, m을 만든다.

리스트 성적 을 만든다.

② **성적 리스트에 5개의 성적 데이터 입력하기**

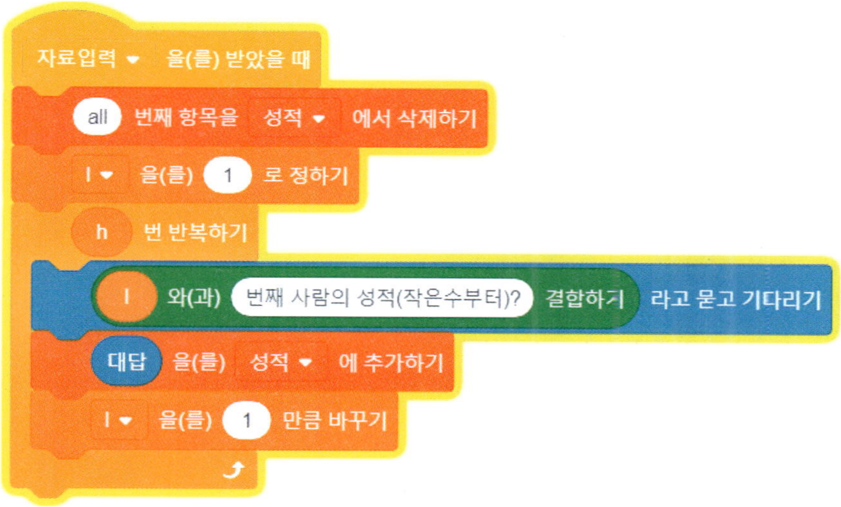

- 성적 리스트에 기존 내용은 모두 삭제 후 i를 1씩 증가 시키며, 5명의 성적을 작은 수부터 입력한다.

Note

Note

③ 이진검색하기

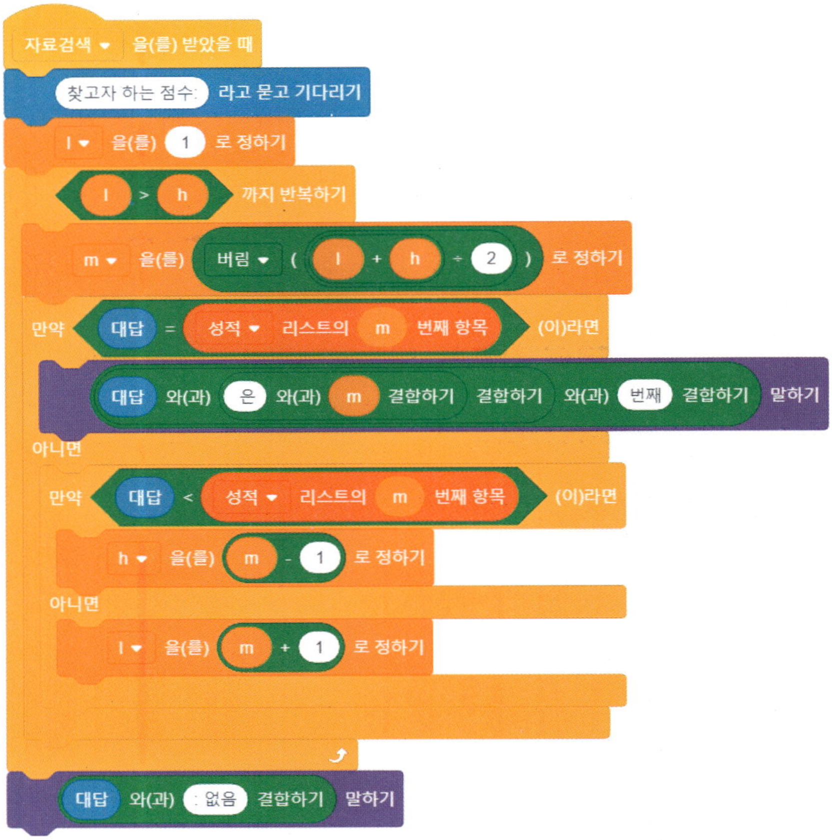

- l 변수에 초기값 1로 설정, h는 입력 데이터의 총 개수 의미(초기에 값 설정해줌) 한다.
- l > h 일 때까지 내부 블록 반복한다.
- 변수 m은 (l+h)/2 값이며, 바닥함수(실수 이하의 최대 정수 구하는 함수) 값으로 정한다.
- m의 값이 검색값과 같으면 결과값으로 말해준다.
- m의 값이 검색값과 같지 않고 검색값보다 작으면 h=m-1로 설정하고, 아니면 l=m+1로 설정하여 반복한다.
- 검색값이 없으면 없음이라고 말한다.

실습하기 8 **선택정렬**

선택정렬은 정렬되지 않은 데이터들 중 가장 작은 데이 터를 찾아 맨 앞의 데이터와 교환해 가능 방식이다. 정렬해야 하는 데이터 목록 중 가장 작은 데이터를 찾아 맨 앞의 데이터와 교환하고, 두 번째로 작은 데이터를 찾아 두 번째 데이터와 교환해 나가는 방식이다. 이 과정을 마지막 데이터까지 반복하며 정렬한다.

순서도	의사(Pseudo) 코드

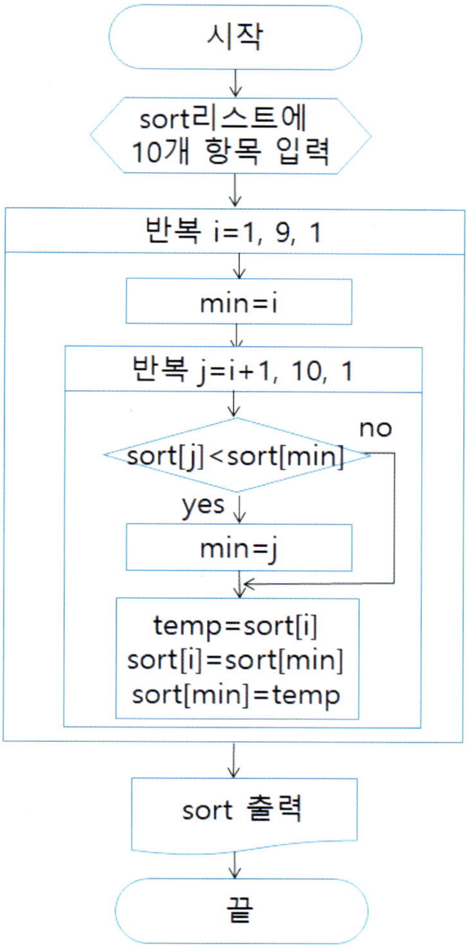	for i=1, 9, 1 {
	 min =
	 for j=i−1, 10, 1 {
	  if sor [j]<sort[min] {
	   min=j
	   temp=sort[i]
	   sort[i]=sort[min]
	   sort[min]=temp
	  }
	 }
	}
	print sort

Note

Note

① 변수와 리스트 만들기

변수 i, j, min, temp를 만든다.

리스트 sort를 만든다.

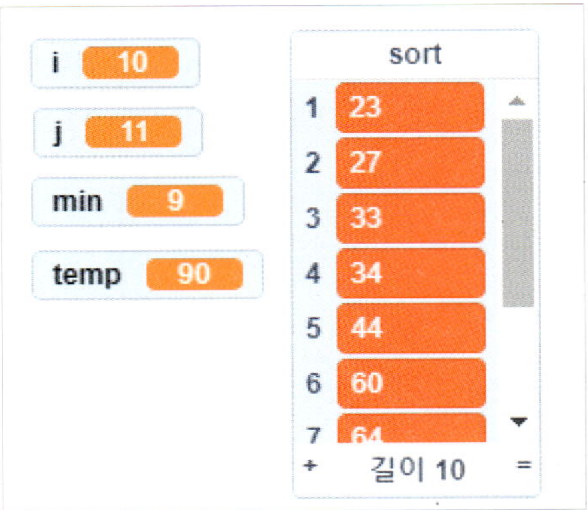

② sort리스트에 10개의 숫자 데이터 입력하기

- 실행이 되면 sort 리스트의 모든 항목을 삭제 후 i를 1씩 증가시키며 10개의 데이터를 묻고 대답을 sort 리스트에 추가한다.

③ 선택정렬하기

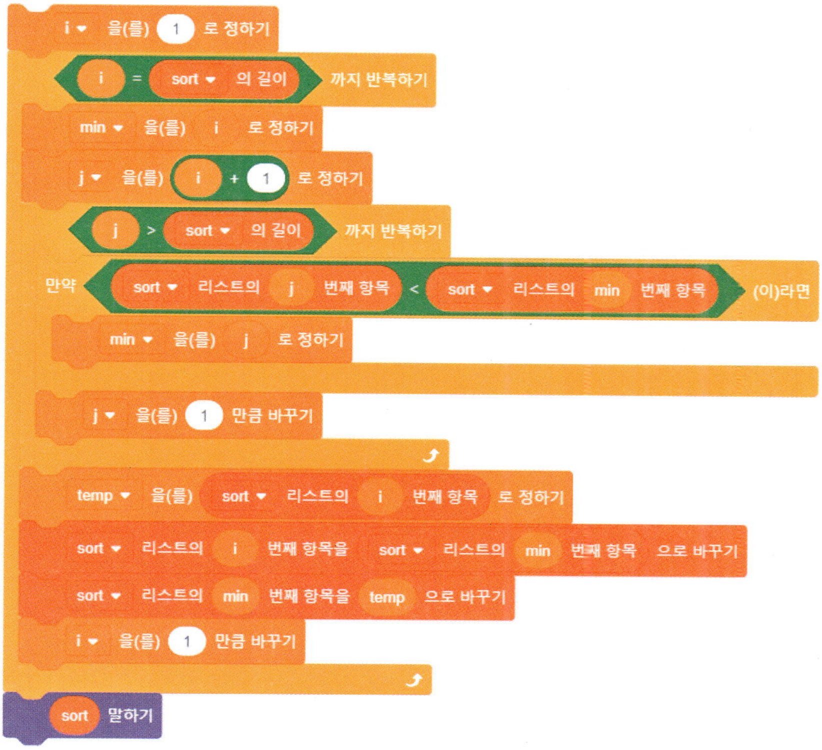

- i를 1로 정한다.
- i가 sort리스트의 길이와 같을때까지 1씩 증가시키며 반복한다. (i가 10이 되면 블록 빠져나옴)
- min을 i로 정하고 j를 j+1로 정한다. (처음 실행될 때 min=1, j=2)
- j가 sort리스트의 길이(항목수)보다 클때까지 j를 1씩 증가시키며 반복한다. (j가 11이 되면 블록 빠져나옴)
- sort(j)가 sort(min)보다 작은지 판별한다.
  (만약 j번째 항목이 min번째 항목보다 작으면 min을 j로 정한다.)
- temp변수를 이용해 sort(i)번째 항목과 sort(min)번째 항목을 교환한다.
- sort리스트를 말한다.

Note

Note

④ 결과화면

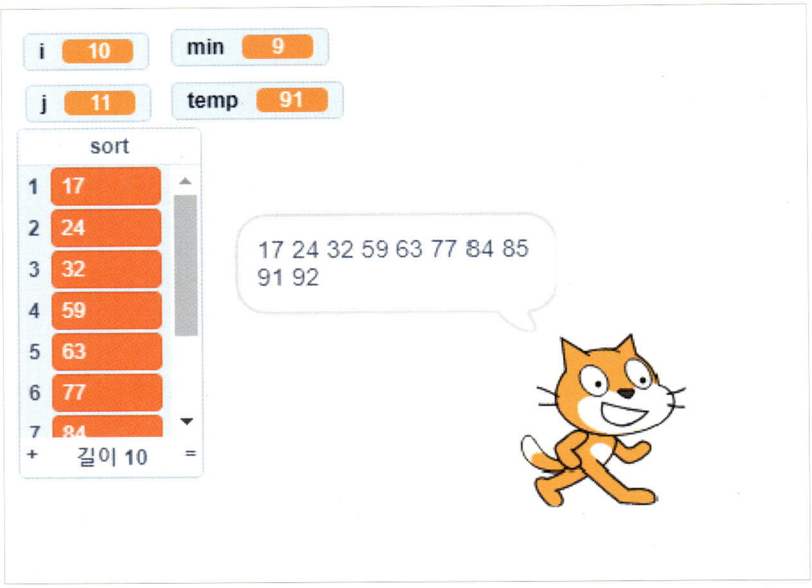
i 10
min 9
j 11
temp 91
sort
1 17
2 24
3 32
4 59
5 63
6 77
+ 길이 10 =
17 24 32 59 63 77 84 85
91 92

실습하기 9 버블정렬

버블 정렬은 인접한 데이터들을 비교하면서 가장 큰 데이터를 맨 뒤로 보내는 방식이다. 데이터 간 비교하면서 검색하여 위치를 변경하기 때문에 데이터의 수가 너무 많으면 비효율적인 방식이다.

순서도	의사(Pseudo) 코드

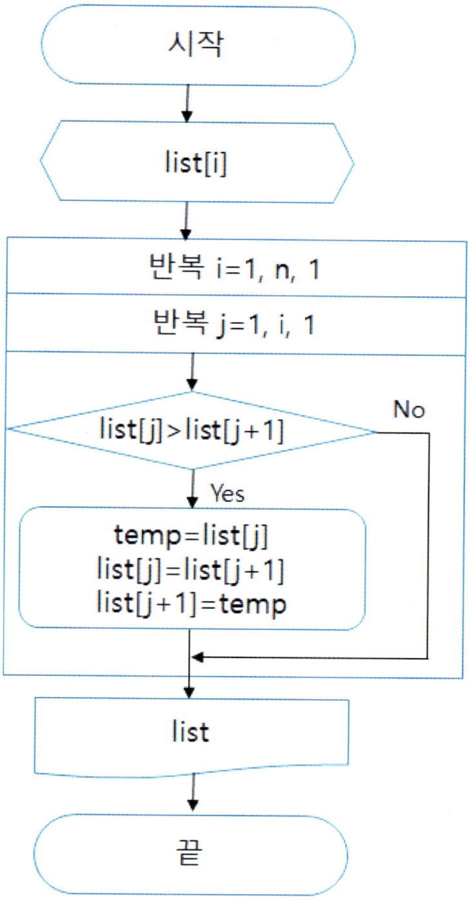
 	
	for 1, n, 1 {
	  for 1, i, 1 {
	    if list[j]>list[j+1] {
	      temp=list[j]
	      list[j]=list[j+1]
	      list[j+1]=temp
	    }
	  }
	}
	print list

Note

Note

① **변수와 리스트 작성**

변수 i, j, temp를 만든다.

리스트 result를 만든다.

② **리스트 result에 임의의 5개의 값을 입력하여 저장**

③ **버블정렬 하기**

- i를 5, j를 0, temp를 0으로 초기화 한다.
- 정렬할 데이터 5개를 입력한다.
- 큰 반복문이 i를 1씩 감소하면서 내부 j 반복문을 수행한다.
- j가 i와 같을 때까지 j를 1씩 증가하며 반복한다. 만약 j번째 result 항목이 j+1번째 result 항목보다 크다면 temp 변수에 j번째 result 항목의 값으로 변경하고, j번째 result 항목의 값은 j+1번째 result 항목의 값으로 변경한다. j+1번째 result 항목의 값은 temp의 값으로 변경한다.
- 정렬된 result 리스트를 말한다.

④ 두 개의 반복문 동작하여 정렬된 화면

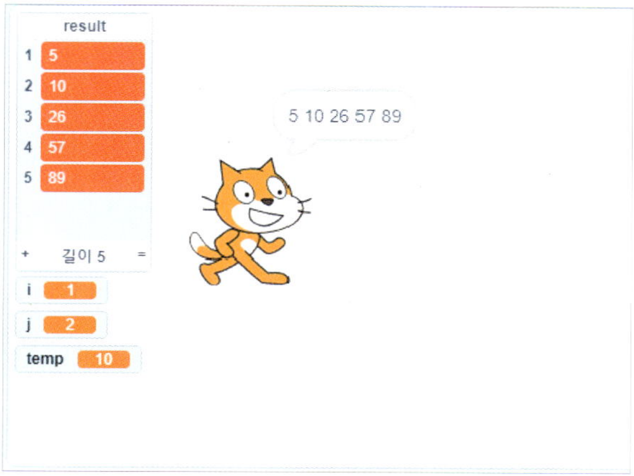

Chapter 09

스크래치의 응용

Note

Tip
물리적인 컴퓨팅이 가능한 하드웨어는 구매를 해서 설치방법 등에 따라 수행한다.

1. 확장 기능 추가 – 하드웨어 연결하기

스크래치 2.0에서 스크래치 3.0으로 업그레이드되면서 기본 블록에 있던 블록들이 없어진 경우를 확인할 수 있다. 비디오 감지, 텍스트 음성변환, 번역은 기본 블록 2장에서 설명하였으며, 이 외에 물리적인 컴퓨팅을 수행 할 하드웨어(Makey Makey, micro:bit, LEGO MINDSTORMS EV3, LEGO WeDo 2.0)를 선택하여 블록을 만들 수도 있다. 하드웨어를 연결 후 하드웨어 블록을 선택하면 그에 맞는 블록들이 생기며 하드웨어를 제어할 수 있는 블록들을 이용하여 원하는 부분을 구현할 수 있다.

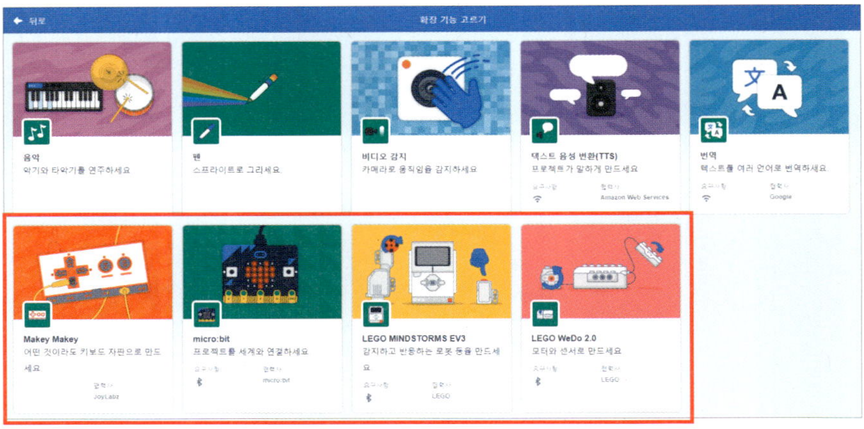

1) Makey Makey 블록

Makey Makey는 MIT Lifelong Kindergarten Group의 Jay Silver와 Eric Rosenbaum이 개발한 휴먼 인터페이스 디바이스(HID)이다. Makey는 make key(키를 만들다)의 의미로, 전도성(전기가 통하는 성질)을 가진 우리 주변의 모든 물체를 키보드와 마우스 같은 입력장치로 만드는 역할을 한다. 찰흙, 과일, 신체, 물, 나뭇잎, 연필 등 도체를 활용하여 입력 단자의 센서로 하드웨어를 구축할 수 있다. Makey Makey 프로그래밍 과정은 입력 정보를 키보드 및 마우스 정보로 처리하여 컴퓨터를 통해 물리적으로 출력하는 방식이다. 조작이 쉽고 공학, 컴퓨터, IT 교육에 여러 분야에서 활용되어 창의적 컴퓨팅 사고 향상에 도움이 된다.

〈Makey Makey – Standard Kit〉

〈확장 기능 추가하기 – Makey Makey〉

• Makey Makey 스크래치 블록

블록	설명
when 스페이스 ▾ key pressed	원하는 키를 눌렀을 때 동작 지정
when 왼쪽 위쪽 오른쪽 ▾ pressed in order	원하는 키를 순차적으로 눌렀을 때 동작 지정

Makey Makey 블록 이외 다른 스크래치 블록들을 조합하여 원하는 코딩을 작성하여 수행한다.

2) micro:bit 블록

작은 마이크로에 스크래치 연결하여 동작을 제어한다

micro:bit와 연동시키기 전에 스크래치 사이트(https://scratch.mit.edu/microbit)에 접속하여 micro:bit와 연동하는데 꼭 필요한 Scratch Link를 다운받아 설치한다. 설치 후 이 프로그램이 켜진 상태여야 micro:bit와 연동이 가능하다.

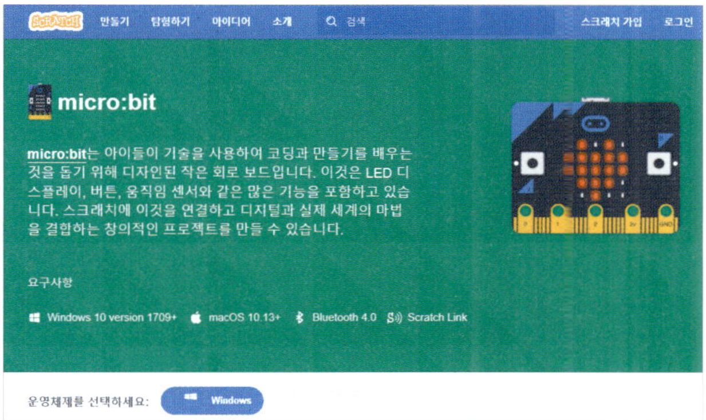

Note

micro:bit를 컴퓨터와 연결하고 HEX 파일을 다운받아 micro:bit에 업로드한다. 확장 기능 추가하기에서 micro:bit를 클릭하여 실행한다.

〈확장 기능 추가하기 – micro:bit〉

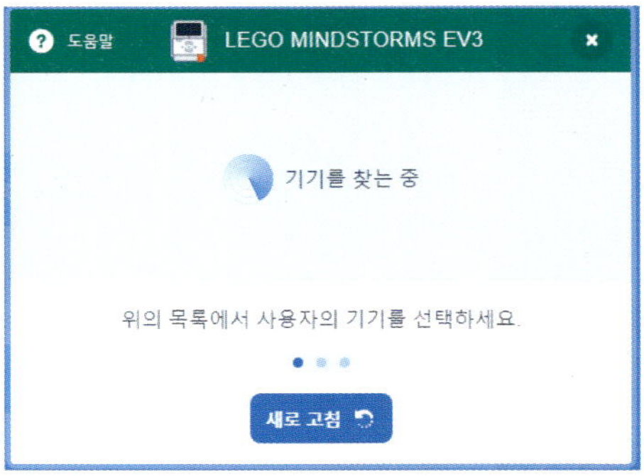

〈하드웨어 연결을 위해 기기를 찾는 화면〉

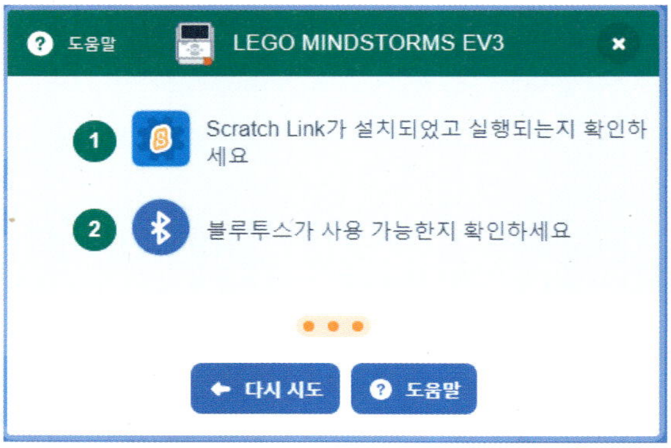

〈하드웨어 연결 실패했을 경우 화면〉

* 본 교재에서는 하드웨어 장비 연결이 필요한 항목의 설명은 생략한다.

3) LEGO MINDSTORMS EV3 블록

LEGO MINDSTORMS EV3 로보틱스 키트에 스크래치 연결하여 동작을 제어한다.

Scratch Link가 설치되어 있고 블루투스로 연결되어 있을 경우 micro:bit와 마찬가지로 기기를 찾으면 로봇을 제어할 수 있는 프로그램을 작성할 수 있다.

〈확장 기능 추가하기 – LEGO MINDSTORMS EV3〉

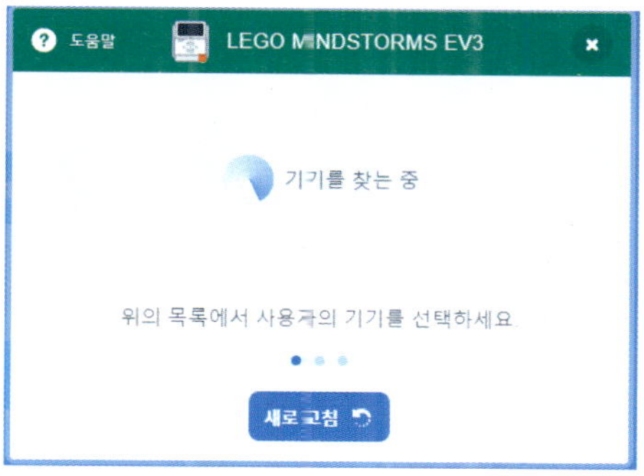

〈하드웨어 연결을 위해 기기를 찾는 화면〉

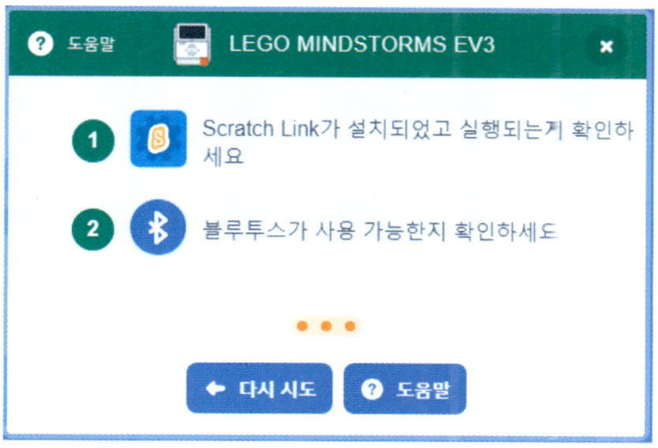

〈하드웨어 연결 실패했을 경우 화면〉

* 본 교재에서는 하드웨어 장비 연결이 필요한 항목의 설명은 생략한다.

Note

Note

4) LEGO WeDo 2.0 블록

LEGO WeDo 2.0 로보틱스 키트에 스크래치 연결하여 동작을 제어한다.

〈확장 기능 추가하기 –
LEGO WeDo 2.0〉

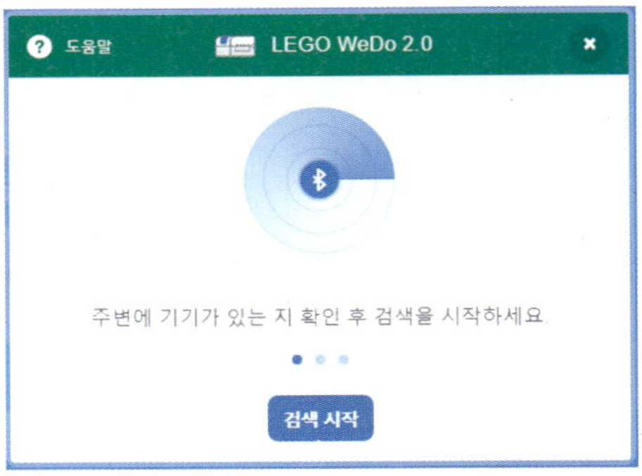

〈하드웨어 연결을 위해 기기를 찾는 화면〉

〈하드웨어 연결 실패했을 경우 화면〉

* 본 교재에서는 하드웨어 장비 연결이 필요한 항목의 설명은 생략한다.

2. 스크래치 애니메이션

1) 개념

애니메이션이란 단어는 희랍어의 Animal(동물), Anima(영혼, 정신, 성명)라는 단어에서 유래된 것으로 사전적인 의미로는 사물에 생명을 불어넣는 행위라고 할 수 있다. 일반적으로 애니메이션은 정지된 이미지의 전환을 통해 사람의 눈에 움직이는 듯한 착각이 들도록 하는 영상을 말한다.

스크래치는 스프라이트와 배경 이미지의 모양을 전환하여 시각적으로 애니메이션을 구현할 수 있으며, 여기에 텍스트나 소리파일로 대화를 표현하고 효과음을 삽입하여 완성한다. 또한 스크래치 2.0에서는 애니메이션으로 구현된 스크래치 프로젝트를 비디오로 녹화하여 동영상을 만들 수도 있다.

본장에서는 스크래치의 애니메이션 구현을 위한 기본 방법을 알아보고 좀 더 다양한 응용을 위한 실습한다.

2) 스크래치 애니메이션 구현의 기초

① 스프라이트 동작시키기

스프라이트의 다양한 동작 자세들이 그려진 이미지를 모양으로 등록시켜 이 모양 이미지를 일정한 간격으로 전환시키면 시각적으로 움직이는 효과를 표현할 수 있다. 이것은 마치 종이책에 그려진 여러 동작의 그림을 차례로 넘겨 동영상처럼 보이게 하는 '플립 북 애니메이션'과 비슷한 것이라 할 수 있다.

Note

Tip

플립북 애니메이션이란 종이 노트에 움직이는 그림을 한장씩 그려서 노트를 파락파락 넘기면 tv화면처럼 움직이게 만드는 방법의 애니메이션이다. 이것은 애니메이션을 가장 손쉽고 가볍게 접근할 때 쓰는 방법입니다.

[소스파일참조]

- 플립북 샘플1
- 플립북 샘플2

Note

실습하기 1 Avery 걷기 1

▷ 스크래치 준비

- 스크래치를 실행하고 초기 스프라이트(고양이)를 삭제한다.
- 스프라이트 창의 '스프라이트 고르기' 단추를 클릭하여 'Avery walking'을 선택한다.
- 무대 창의 '배경 고르기' 단추를 클릭하여 'Wall 2' 이미지를 선택한다.

▷ 지시사항

- 'Avery walking' 스프라이트를 선택하고 '모양' 탭으로 가 이 스프라이트의 모양의 종류와 이름을 확인한다.
- '코드' 탭으로 돌아와 클릭했을 때, 무한반복으로 다음 내용을 실행한다.
    - 0.2초 기다리기와 'avery walking-a'으로 모양 바꾸기
    - 0.2초 기다리기와 'avery walking-b'으로 모양 바꾸기
    - 0.2초 기다리기와 'avery walking-c'으로 모양 바꾸기
    - 0.2초 기다리기와 'avery walking-d'으로 모양 바꾸기

Tip

- 클릭했을 때: 이벤트 블록
- 무한 반복하기: 제어 블록
- 2초 기다리기: 제어 블록
- 모양 바꾸기: 형태 블록

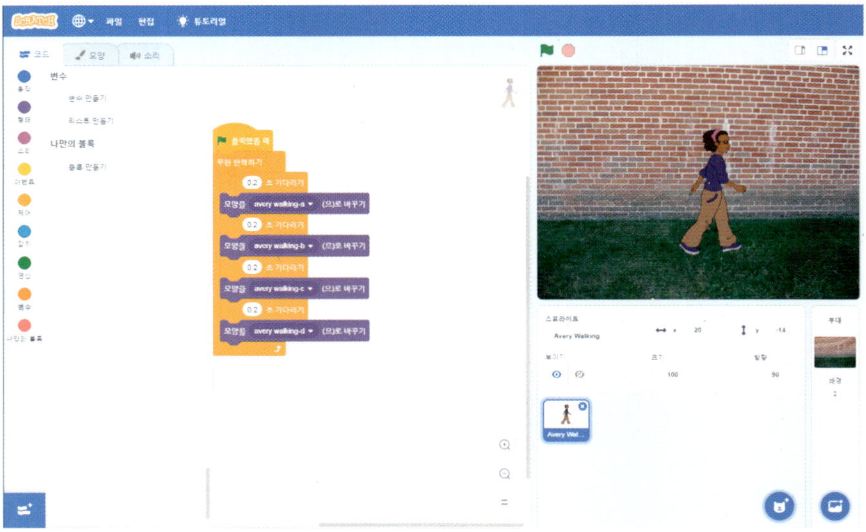

실습하기 2 **Jouvi Dance**

▷ **스크래치 준비**

- 스크래치를 실행하고 초기 스프라이트(고양이)를 삭제한다.
- 스프라이트 창의 '스프라이트 고르기' 단추를 클릭하여 'LB Dance'을 선택한다.
- 무대 창의 '배경 고르기' 단추를 클릭하여 'Mural' 이미지를 선택한다.

▷ **지시사항**

- 'LB Dance' 스프라이트를 선택하고 '모양' 탭으로 가 이 스프라이트의 모양의 종류와 이름을 확인한다.
- '코드' 탭으로 돌아와 클릭했을 때, 스프라이트의 모양을 첫 번째 모양으로 한다.
- 무한반복으로 다음 내용을 실행한다.
  - ■ 다음 모양으로 바꾸기
  - ■ 0.5초 기다리기
- '스프라이트 고르기' 단추를 클릭하여 '음악' 탭에서 'Drum Kit'를 선택한다.
- 'Drum Kit' 스프라이트의 '소리' 탭에서 '소리 고르기' 단추를 클릭하여 'Beat Box1'과 'Beat Box2'를 선택한다.
- 'Drum Kit' 스프라이트의 '코드' 탭에서 클릭했을 때 다음 내용을 무한반복으로 실행한다.
  - ■ 'Beat Box1' 끝까지 재생하기
  - ■ 'Beat Box2' 끝까지 재생하기

Note

Tip

- 'LB Dance'는 '댄스' 탭에서 찾는다.
- 'Mural'은 '실외' 탭에 있다.

Note

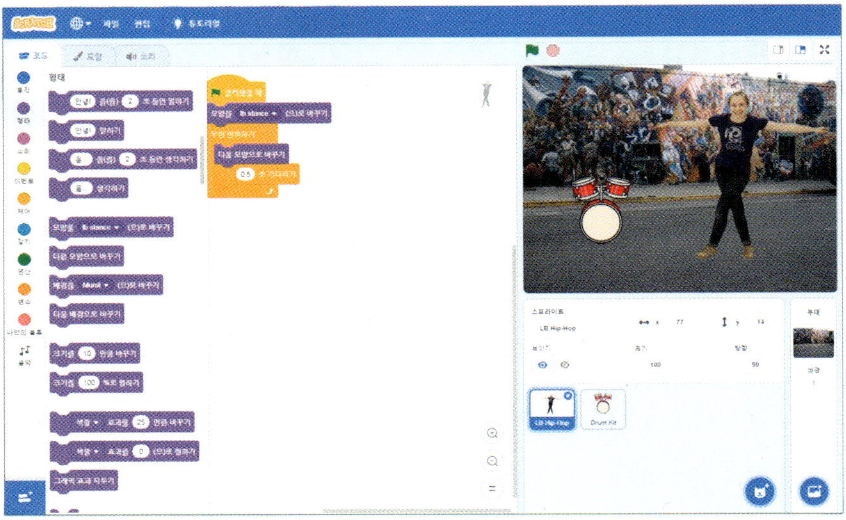

[Drum Kit] 스프라이트 코드:

Tip

- 준비된 그림에서 스프라이트는 01번을 사용하고, 모양 탭에서 나머지 02~13번 그림을 차례대로 업로드 한다.
- 소리재생을 무한반복으로 할 때는 '끝까지 재생하기' 블록을 사용한다.

확인해 봅시다!

[확인 9-01]

소스 폴더의 '확인 9-01 소스' 압축파일을 해제한 후 다음을 시행하여 연속모션을 표현해 보시오.

▷ 스크래치 준비

- 준비된 그림으로 스프라이와 모양으로 불러와 업로드 한다.
- 준비된 효과음 소리(guitar chords2)를 불러와 업로드 한다.

▷ 지시사항

- 클릭했을 때, 첫 번째 모양으로 바꾸기를 한 후,
- 무한반복으로 다음 모양 바꾸기와 0.5초 기다리기를 반복한다.
- 클릭했을 때, 무한반복으로 'guitar chords2' 소리를 재생한다.

② **배경 이동하기 구현**

스크래치 애니메이션을 구현하기 위해 배경을 다룰 때는 배경이 연속적으로 움직이는 '이동하기' 구현과 애니메이션 스토리 구성에 따라 장면이 바뀌는 '전환하기' 구현으로 나뉜다.

먼저, 배경이 연속적으로 움직이는 '이동하기' 구현은 실제로 무대 화면을 초과하는 큰 배경을 움직여 이동하도록 하는 것과 앞에서 스프라이트 동작에 적용한 것과 같이 '플립 북 애니메이션' 방식이 있다. 이 방식은 조금씩 변화된 배경 이미지 등을 일정한 간격으로 전환시켜 시각적으로 움직이는 효과를 표현하는 것이다.

가. 큰 무대화면 이동하기

실습하기 3 바닷가 풍경

▷ **스크래치 준비**

- 스크래치를 실행하고 초기 스프라이트(고양이)를 삭제한다.
- 스프라이트 창의 '스프라이트 업로드하기' 단추를 클릭하여 실습하기 소스 폴더의 '바닷가'를 선택한다.
- 스프라이트 크기를 150%로 확대한다.
- 소리 탭에서 '소리 업로드하기' 단추를 클릭하여 실습하기 소스 폴더의 '바다소리'를 선택한다.

▷ **지시사항**

- 변수 블록을 선택한 후 'x' 변수를 선언한다.
- '바닷가' 스프라이트에서 클릭했을 때, 다음 내용이 실행되도록 코드를 구성한다.
  - ■ 'x'변수를 '0'으로 정하기
  - ■ x: 128, y: -90으로 이동하기
  - ■ 무한 반복으로 다음 코드를 구성
    - ▸ x좌표를 - 0.5만큼 바꾸기
    - ▸ 'x'변수를 '-0.5'만큼 바꾸기

Note

Tip
큰 무대화면 움직이기는 무대화면으로 사용할 그림을 스프라이트로 가져온다.

Note

- '바닷가' 스프라이트에서 클릭했을 때, 다음 내용이 실행되도록 코드를 구성한다.
  - 무한 반복으로 다음 코드를 구성
    - 만약 'x'변수가 -250이라면 다음 코드를 구성
      - 'x'변수를 '0'으로 정하기
      - x: 128, y: -90으로 이동하기
- 클릭했을 때, 무한 반복으로 다음 코드를 구성한다.
  - 바다소리 끝까지 재생하기

실습하기 4 Avery 걷기 2

▷ 스크래치 준비

- 스크래치를 실행하고 초기 스프라이트(고양이)를 삭제한다.
- 스프라이트 창의 '스프라이트 고르기' 단추를 클릭하여 'Avery'를 선택한다.
- '모양' 탭에서 '모양 고르기' 단추를 클릭하여 'Avery walking' 모양 4개를 순서대로 불러와 Avery와 Avery walking 모양을 결합한다.
- 스프라이트 창의 '스프라이트 업로드하기' 단추를 클릭하여 소스 폴더의 'metro1'을 선택한다.
- 스프라이트 크기를 140%로 확대한다.
- 소리 탭에서 '소리 업로드하기' 단추를 클릭하여 소스 폴더의 '도로소리'를 선택한다.

▷ 스토리 준비

- 유럽의 한 도시를 방문한 에버리가 거리를 걷다가 길을 헤매고 있습니다.
- 한참을 걷던 에버리가 '음.. 이길이 맞나??'하고 잠시 생각합니다.
- 그러다 '아~ 알겠다!!'를 외치고, 다시 열심히 길을 걸어갑니다.

[지시사항]

▷ 에버리(Avery) 스프라이트가 할 일

- 클릭했을 때, 다음 스트립트를 4번 반복합니다.
  - 모양을 'avery walking-a'로 바꾸고 10만큼 움직인 후 0.1초 기다립니다.
  - 모양을 'avery walking-b'로 바꾸고 10만큼 움직인 후 0.1초 기다립니다.
  - 모양을 'avery walking-c'로 바꾸고 10만큼 움직인 후 0.1초 기다립니다.
  - 모양을 'avery walking-d'로 바꾸고 10만큼 움직인 후 0.1초 기다립니다.
  - 벽에 닿으면 튕기도록 합니다.
  - 회전 방식은 '왼쪽-오른쪽'으로 정합니다.
- 모양을 'avery-b'로 바꾸고,
  - '음.. 이길이 맞나?'하고 2초 동안 생각합니다.
- 모양을 'avery-a'로 바꾸고,

Note

Tip
등장인물의 말하기 구성은 일반적으로 소리 블록의 말하기 블록을 사용하여 말풍선 형식의 텍스트 기반으로 표현한다. 그러나 3.0의 새 기능인 TTS 블록을 사용하면 스피커를 통한 실제 음성으로 표현할 수 있다. 다만, 아직 한국어 구현이 안 되고 있으므로 번역 블록을 조합하여 영어 음성으로 표현할 수 있다.

■ '아~ 알겠다!!'하고 2초 동안 말하고, '가자'를 방송합니다.

- '가자' 방송을 받았을 때, 다음 스트립트를 10번 반복합니다.
  - ■ 모양을 'avery walking-a'로 바꾸고 10만큼 움직인 후 0.1초 기다립니다.
  - ■ 모양을 'avery walking-b'로 바꾸고 10만큼 움직인 후 0.1초 기다립니다.
  - ■ 모양을 'avery walking-c'로 바꾸고 10만큼 움직인 후 0.1초 기다립니다.
  - ■ 모양을 'avery walking-d'로 바꾸고 10만큼 움직인 후 0.1초 기다립니다.
  - ■ 벽에 닿으면 튕기도록 합니다.
  - ■ 회전 방식은 '왼쪽-오른쪽'으로 정합니다.
- 모양을 'avery-a'로 바꾸고,
  - ■ '다 왔다!!!'고 2초 동안 말을 합니다.
  - ■ 모두 멈추기를 합니다.

Note

Tip
모두 멈추기를 하는 이유는 배경움직임과 배경음향을 멈추기 위함

▷ 배경(metro1) 스프라이트가 할 일

- 변수 블록을 선택한 후 'x' 변수를 선언한다.
- 클릭했을 때, 다음 내용이 실행되도록 코드를 구성한다.
  - ■ 이 스프라이트는 배경이므로 맨 뒤쪽으로 순서 바꾸기
  - ■ 'x' 변수를 '0'으로 정하기
  - ■ 'x' 변수 숨기기
  - ■ x: 90, y: 0으로 이동하기
  - ■ 무한 반복으로 다음 코드를 구성
    - ▸ x좌표를 -0.5만큼 바꾸기
    - ▸ 'x' 변수를 '-0.5'만큼 바꾸기
- 클릭했을 때, 다음 내용이 실행되도록 코드를 구성한다.
  - ■ 무한 반복으로 다음 코드를 구성
    - ▸ 만약 'x' 변수가 -180이라면 다음 코드를 구성
      - – 'x' 변수를 '0'으로 정하기
      - – x: 90, y: 0으로 이동하기
      - – 클릭했을 때, 무한 반복으로 다음 코드를 구성한다.
  - ■ '도시소리'를 끝까지 재생한다.

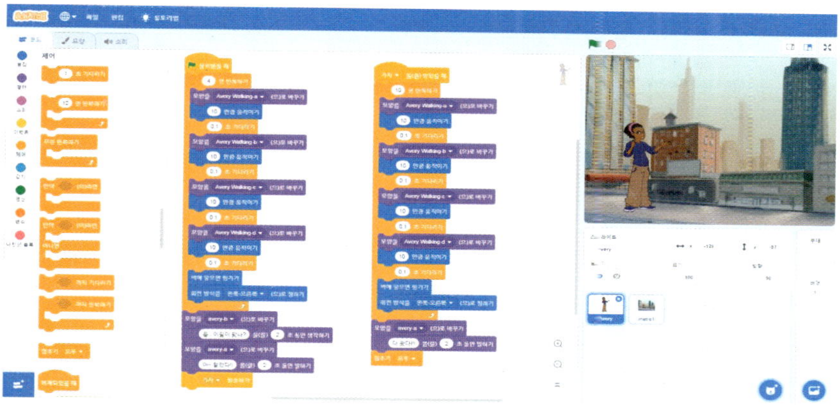

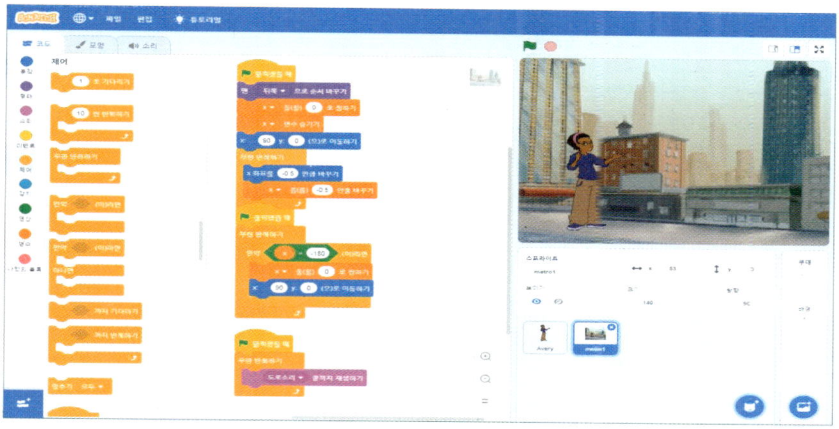

Note

확인해 봅시다!

[확인 9-02]

본장의 '실습하기 4'의 결과 스크립트를 수정하여 '에버리'가 제자리에서 걷도록 수정해 보시오.

Note

나. 플립 북 방식의 배경 이동하기

실습하기 5 소년의 산길 걷기 1

▷ **스크래치 준비**

- 스프라이트: 소년(저장소-Jaime), 거미(저장소-Ladybug2), hill(소스 파일)
  - 초기 스프라이트(고양이)를 삭제한 후 '스프라이트 고르기' 단추를 클릭하여 'Jaime'를 선택하고 이름을 '소년'으로 바꾼다.
  - '모양' 탭을 누르고 jaime-a, jaime-b 모양은 삭제한다.
  - '스프라이트 고르기' 단추를 클릭하여 'Ladybug2'를 선택하고 이름을 '거미'로 바꾼다.
  - '스프라이트 업로드하기' 단추를 클릭하여 소스 파일에서 'hill'을 선택하고 크기 값을 120%로 변경한다.
- 무대 배경: 큰 숲 그림에서 조금씩 옆으로 옮겨가며 자르기를 한 그림 12장 준비(소스 파일)
  - 무대의 '배경 업로드하기' 단추를 클릭하여 소스 파일에서 'back1'을 선택하고 '배경' 탭으로 이동하여 초기 '배경 1'은 삭제한다.
  - 배경의 '배경 업로드하기' 단추를 클릭하여 소스 파일에서 'back2~12'을 차례대로 선택하여 업로드 한다.

▷ **스토리 준비**

- 한 소년이 산길을 걷고 있습니다. 왼쪽 화살표 키를 누르면 왼쪽으로 한 걸음씩 걷고, 오른쪽 화살표 키를 누르면 오른쪽으로 한 걸음씩 걷습니다.
- 그러다 아래쪽 화살표 키를 누르면 갑자기 거미가 머리 위쪽에서 나타나 거미줄에 매달려 내려옵니다. 다시 위쪽 화살표 키를 누르면 위로 올라가 사라집니다.
- 숲 배경의 무대는 소년이 걸을 때 걷는 방향 반대쪽으로 움직입니다.
- 스페이스 키를 누르면 숲 배경은 사라지고 산 아래 밝은 언덕길 배경이 나타납니다. 그러나 다시 스페이스 키를 누르면 숲 배경으로 바뀌고, 또 스페이스 키를 누르면 밝은 언덕길 배경 배경으로 바뀝니다.

[지시사항]

▷ 무대가 할 일 1

- 변수 설정
  - ‘배경’ 변수를 선언하고 무대에서 변수 숨기기
- 클릭했을 때
  - 배경을 'back1'로 바꾸고,
  - '배경' 변수 값을 '1'으로 정한다.
  - '배경' 변수를 숨긴다.

▷ 소년이 할 일

- 클릭했을 때
  - [x: 0, y: -90]로 이동하고, '90'도 방향 보기를 한다.
  - 회전 방식은 '왼쪽-오른쪽'으로 정한다.
- ‘왼쪽 화살표’ 키를 눌렀을 때
  - '-90'도 방향 보기를 하고, 다음 모양으로 바꾸기를 한다.
  - '왼쪽으로 걷기'를 방송한다.
- ‘오른쪽 화살표’ 키를 눌렀을 때
  - '90'도 방향 보기를 하고, 다음 모양으로 바꾸기를 한다.
  - '오른쪽으로 걷기'를 방송한다.

▷ 거미가 할 일

- 클릭했을 때
  - 펜 블록을 추가하여 무대를 모두 지운다.
  - 거미 스프라이트를 숨긴다.
- 아래쪽 화살표 키를 눌렀을 때
  - 거미를 숨긴다.
  - 거미를 소년으로 이동한 후, y 좌표를 ‘180’으로 정한다.
  - 거미를 보이게 한다.
  - 펜 블록을 추가하여 무대를 모두 지운다.
  - 색깔을 색상: ‘30’, 채도: ‘30’, 명도: ‘50’으로 정한다.
  - 펜을 내리고 1초 동안 x 좌표: ‘x좌표’(현재 위치), y 좌표: ‘50’ 이동시

Note

Note

킨다.

- 위쪽 화살표 키를 눌렀을 때
  - 펜을 1초 동안 x 좌표: 'x좌표'(현재 위치), y 좌표: '180' 이동시킨다.
  - 무대를 모두 지우고, 거미를 숨긴다.

▷ 무대가 할 일 2

- '왼쪽으로 걷기' 메시지를 받았을 때
  - 배경을 '다음 배경'으로 바꾸기를 한다.
- '오른쪽으로 걷기' 메시지를 받았을 때
  - 배경을 '이전 배경'으로 바꾸기를 한다.

▷ hill 스프라이트가 할 일

- 클릭했을 때
  - hill 스프라이트를 숨긴다.
- 스페이스 키를 눌렀을 때
  - 변수 '배경'을 '배경'에 '-1'을 곱한 값으로 정한다.
  - 만약 '배경'이 '-1'이면
    - ▸ 맨 뒤쪽으로 스프라이트 순서를 바꾸어 보이게 한다.
  - 만약 '배경'이 '-1'이 아니면
- hill 스프라이트 숨긴다.

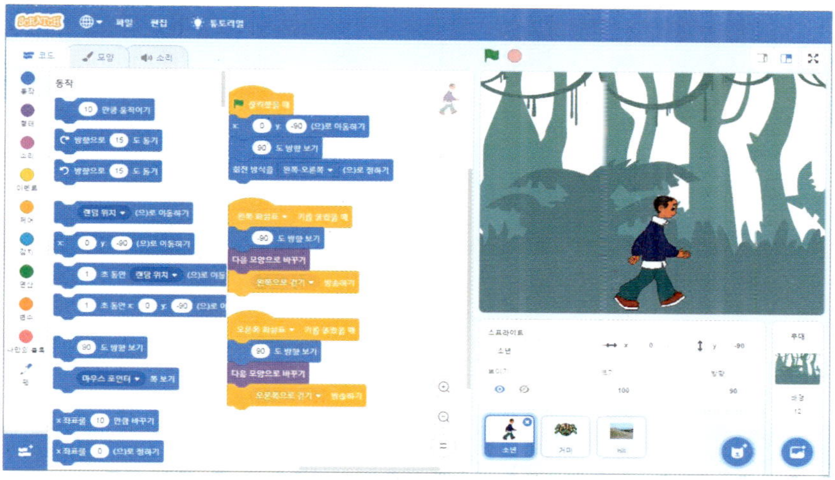

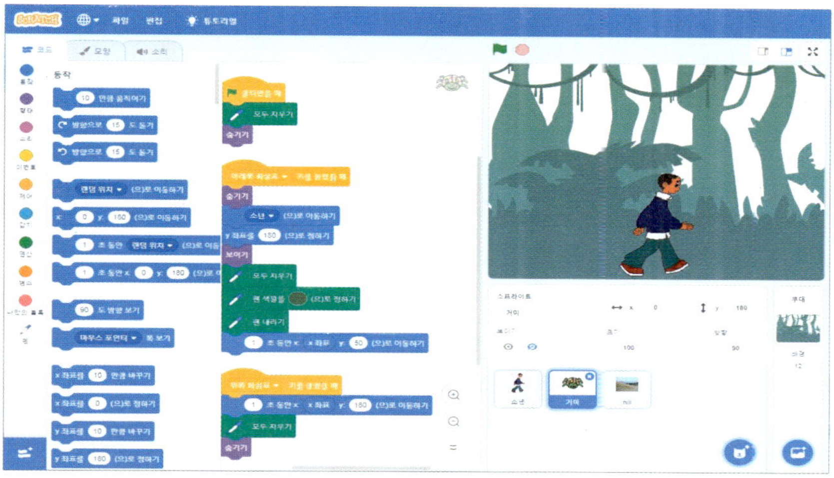

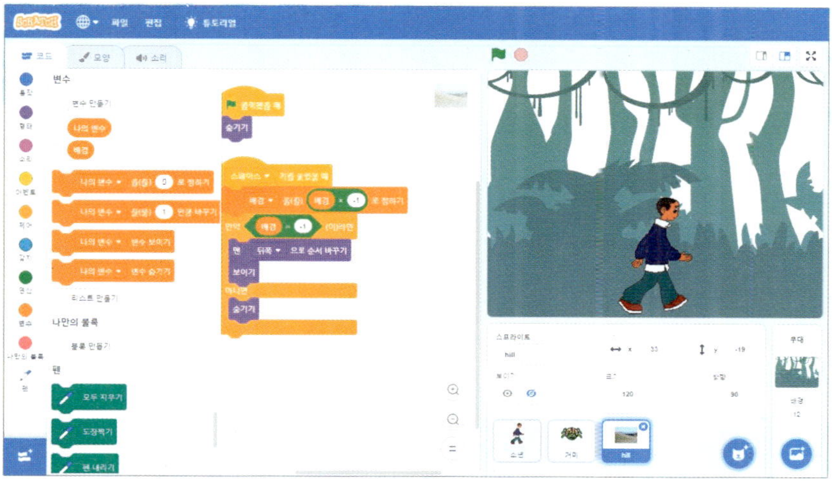

Note

Note

확인해 봅시다!

[확인 9-03] 소년의 산길 걷기 2

본장의 실습하기 5 프로젝트를 수정하여 아래와 같이 '1'키 또는 '2'키를 누를 때마다 숲 배경의 움직임과 거미의 움직임이 달라지도록 하시오.

- 숲 배경의 무대는 소년이 걸을 때 걷는 반대 방향으로 움직이다가 1번 키를 누르면 배경이 걷는 방향으로 같이 움직이며, 다시 1번 키를 두 번째 누르면 배경이 멈추어 있습니다. 또 다시 1번 키를 세 번째 누르면 처음처럼 걷는 반대 방향으로 움직입니다.
- 소년이 걸을 때 거미줄에 매달린 거미가 고정되어 있다가 2번 키를 누르면 걷는 반대 방향으로 움직입니다. 그리고 다시 2번 키를 누르면 거미가 고정되어 있습니다.

[Hint] 숲 배경과 거미에서 각기 변수를 정의하여 1 또는 2 키를 누를 때마다 변수 값이 증가되도록 하고 적절한 조건 블록으로 다르게 동작하는 코드를 구성한다.

실습하기 6 초원을 달리는 고양이

▷ **스크래치 준비**

- 스프라이트: Cat walking(소스 파일), grass1(소스 파일), grass tall(소스 파일), tree(소스 파일), grass2(grass1 복사)
  - 초기 스프라이트(고양이)를 삭제한 후 '스프라이트 업로드하기' 단추를 클릭하여 소스 파일에서 'Cat walking', 'grass1', 'grass tall', 'tree'를 하나씩 선택한다.
  - 'Cat walking' 스프라이트의 모양 탭을 누르고 16개의 모양 이미지를 확인한다.
- 무대 배경: Blue Sky(저장소)
  - 무대의 '배경 고르기' 단추를 클릭하여 저장소에서 'Blue Sky'을 선택하고 '배경' 탭으로 이동하여 초기 '배경 1'은 삭제한다.

Note

Tip
스프라이트 파일(확장자: sprite3)을 업로드하면 모양과 함께 작성된 코드가 있으면 이것도 함께 업로드 된다.

[지시사항]

▷ 무대가 할 일

- 변수 설정
  - 'x' 변수를 선언한다.
- 클릭했을 때
  - 'x' 변수를 '0'으로 정하고, 변수 숨기기를 한다.
  - 'x' 변수를 무한 반복으로 '-10'만큼 바꾸기를 한다.

Tip
무대에서 선언된 변수는 모든 스프라이트에서 사용이 가능한 전역변수로 설정된다.
여기서 설정되는 변수 바꾸기 값 -10은 이 변수를 이용한 스프라이트 움직이기의 속도와 관련된다.

▷ Cat walking이 할 일 1

- 클릭했을 때, 이 스프라이트의 위치, 방향, 크기, 순서를 다음과 같이 설정한다.
  - [x: 0, y: 0]로 이동하고, '90'도 방향 보기를 한다.
  - 크기를 150%로 정한다.
  - 이 스프라이트를 맨 뒤쪽으로 순서를 바꾼 후 2단계 앞으로 보내기를 한다.

▷ Grass1이 할 일 1

- 클릭했을 때, 이 스프라이트의 위치, 방향, 크기, 순서를 다음과 같이 설

Note

정한다.

- [x: 0, y: -110]로 이동하고, '90'도 방향 보기를 한다.
- 크기를 100%로 정한다.
- 이 스프라이트를 맨 앞쪽으로 순서를 바꾼다.

▷ Grass tall이 할 일 1

- 클릭했을 때, 이 스프라이트의 위치, 방향, 크기, 순서를 다음과 같이 설정한다.
  - [x: 60, y: -30]로 이동하고, '90'도 방향 보기를 한다.
  - 크기를 100%로 정한다.
  - 이 스프라이트를 맨 뒤쪽으로 순서를 바꾼 후 1단계 앞으로 보내기를 한다.

Tip
4개의 스프라이트 순서는 뒤에서부터 tree, grass tall, Cat walking, grass1 순이 된다.

▷ tree가 할 일 1

- 클릭했을 때, 이 스프라이트의 위치, 방향, 크기, 순서를 다음과 같이 설정한다.
  - [x: -100, y: -20]로 이동하고, '90'도 방향 보기를 한다.
  - 크기를 50%로 정한다.
  - 이 스프라이트를 맨 뒤쪽으로 순서를 바꾼다.

▷ Cat walking이 할 일 2

- 클릭했을 때, 무한 반복으로 다음 코드를 구성하여 달리기 애니메이션을 구현한다.
  - '0.02'초 기다리기를 한다.
  - 다음 모양으로 바꾸기를 한다.

Tip
음수 나머지 예
- -1 ÷ 10의 몫은 -1, 나머지 9
☞ 검산식은 -10+9=-1
- -127 ÷ 10의 몫은 -13, 나머지 3
☞ 검산식은 -130+3=-127

※ 엑셀로 확인 시 음수 나눗셈의 몫은 QUOTIENT 함수를 쓰지 않고 INT함수를 쓴다.

▷ Grass1이 할 일 2

- 클릭했을 때, 무한 반복으로 다음 코드를 구성한다.
  - x 좌표를 [(변수 'x' / 480의 나머지)-480]으로 정한다.

  ※ 이 코드는 변수 'x'가 음수라도 480의 나머지는 0보다 크거나 같고 480보다 작은 양수로 발생되므로 이 값에 '-480'을 하여 결국 Grass1

의 중점이 x 좌표 0에서 -480까지 변동되도록 한다. 따라서 무대 너비와 동일한 이 스프라이트는 무대의 오른쪽 끝에서 왼쪽 끝까지 움직이게 된다.

▷ Grass tall이 할 일 2

- 클릭했을 때, 무한 반복으로 다음 코드를 구성한다.
  - x 좌표를 [{(변수 'x' * 0.8) / 2000의 나머지}-1000]으로 정한다.
  - ※ 이 코드는 변수 'x'가 음수라도 2000의 나머지는 0보다 크거나 같고 2000보다 작은 양수로 발생되므로 이 값에 '-1000'을 하여 결국 Grass tall의 중점이 x 좌표 1000에서 -1000까지 변동되도록 한다. 따라서 무대에서 멀리 벗어나 있는 동안에는 그만큼 애니메이션 지연효과가 생긴다. 또 변수 'x'에 0.8를 곱하는 것은 뒤쪽에 있는 Grass tall가 좀 더 천천히 움직이도록 한다.
  - 만약 [{(변수 'x' * 0.8) / 2000의 나머지}-1000] = 'x 좌표'이면
    - ▶ 이 스프라이트를 보이도록 하며
  - 그렇지 않으면
    - ▶ 이 스프라이트를 숨긴다.

▷ tree가 할 일 2

- 클릭했을 때, 무한 반복으로 다음 코드를 구성한다.
  - x 좌표를 [{(변수 'x' * 0.5) / 3000의 나머지}-1500]으로 정한다.
  - ※ 이 코드는 변수 'x'가 음수라도 3000의 나머지는 0보다 크거나 같고 3000보다 작은 양수로 발생되므로 이 값에 '-1500'을 하여 결국 tree의 중점이 x 좌표 1500에서 -1500까지 변동되도록 한다. 따라서 무대에서 멀리 벗어나 있는 동안에는 그만큼 애니메이션 지연효과가 생긴다. 또 변수 'x'에 0.5를 곱하는 것은 멀리 있는 나무가 더 천천히 움직이도록 한다.
  - 만약 [{(변수 'x' * 0.5) / 3000의 나머지}-1500] = 'x 좌표'이면
    - ▶ 이 스프라이트를 보이도록 하며
  - 그렇지 않으면
    - ▶ 이 스프라이트를 숨긴다.

Note

Tip
여기의 조건 블록을 쓰는 이유는 실제 x좌표 값은 -240~+240이기 때문에 오른쪽 끝이나 왼쪽 끝에 멈추어 있는 모습을 보이지 않게 하기 위함

▷ Grass2이 할 일

- Grass1에서 오른쪽 클릭하여 복사 한 후 다음과 같이 코드를 수정한다.
  - x 좌표를 [(변수 ‘x’ / 480의 나머지)-0]으로 정한다.

  ※ 이 코드는 Grass2의 중점이 x 좌표 480에서 0까지 변동되도록 한다. Grass1이 이동하면서 생기는 오른쪽의 빈 공간을 채우며 이동하게 된다.

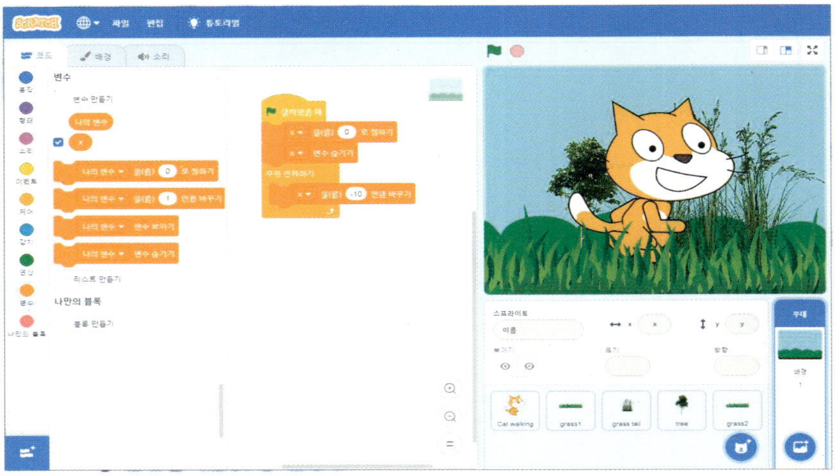

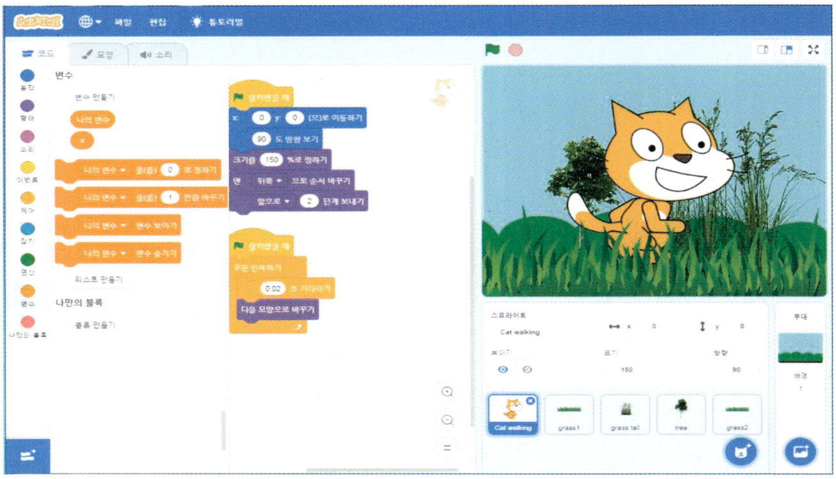

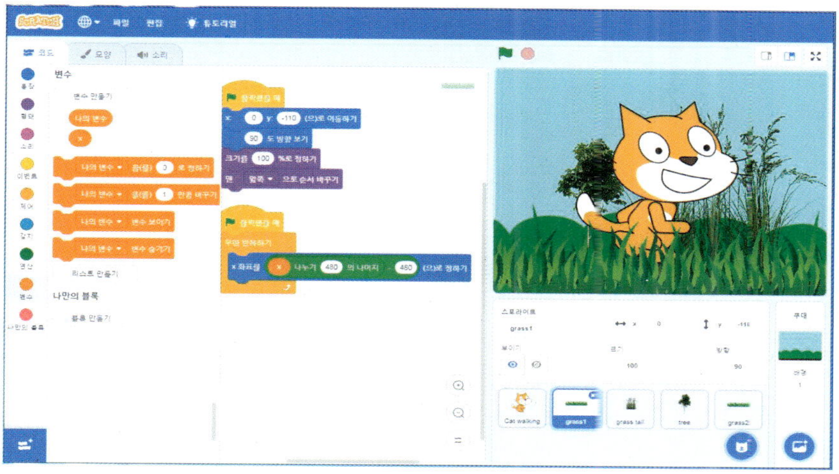

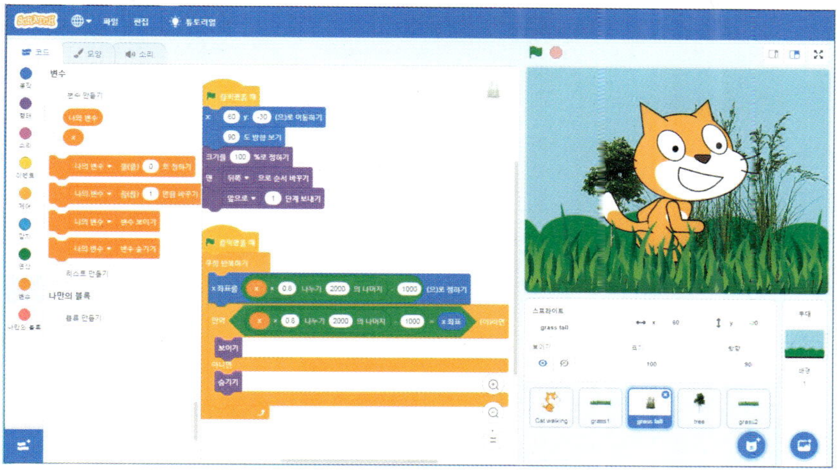

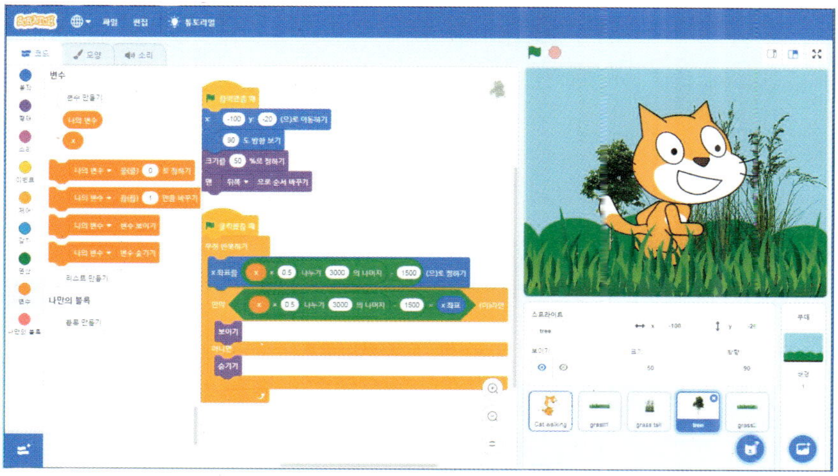

Note

Note

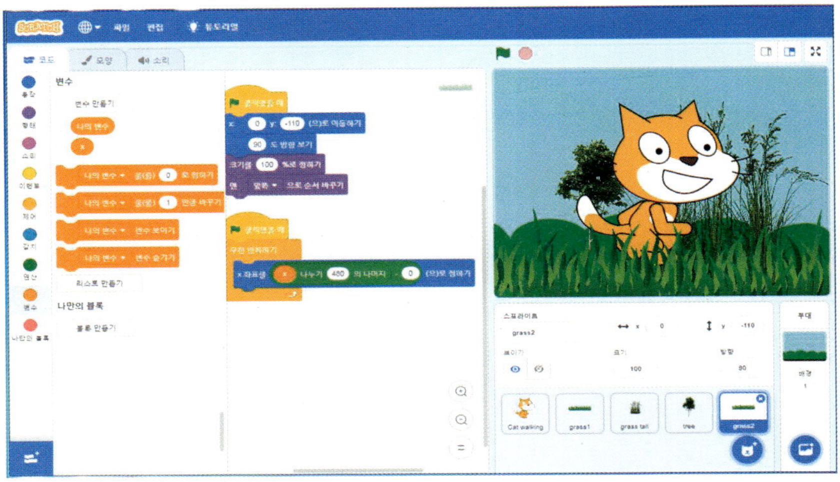

③ **스토리에 따른 배경 전환 및 대화 구현**

스크래치 애니메이션을 구현하기 위해서는 스토리 구성에 따라 장면이 바뀌는 배경 전환하기 구현과 등장인물들이 주고받는 대화 구현은 가장 일반적이면서 핵심내용에 속한다. 스토리 구성에 따른 장면 전환은 스토리를 표현하기 위한 여러 장면 이미지들을 배경으로 등록시켜 순차적으로 전환한다. 등장인물들 간의 대화 구현으로는 기본적으로 형태블록의 텍스트 방식의 표현이 많이 적용되지만, 필요시 대화 소리파일을 재생시키는 방식도 활용된다.

또한 스토리에 따른 배경 전환 및 대화 구현은 대체적으로 순차 구조의 코드 구성을 많이 하게 되는데 이때 제어 블록과 이벤트의 방송하기 블록을 잘 활용하여야 한다.

실습하기 7 만유인력 법칙

▷ 스크래치 준비

- 배경 준비: Castle 2(저장소), tree(저장소), room1(저장소)
    - 무대의 '배경 고르기' 단추를 클릭하여 저장소에서 'Castle 2'을 선택하고 '배경' 탭으로 이동하여 초기 '배경 1'은 삭제한다.
    - 배경의 '배경 고르기' 단추를 클릭하여 저장소에서 'Tree'를 선택한다.
    - 배경의 '배경 고르기' 단추를 클릭하여 저장소에서 'Room 1'를 선택한다.

- 스프라이트: Apple(저장소), Abby(저장소/Alex 이름변경), 아이작 뉴턴 (소스 파일)
  - 스프라이트 창의 초기 스프라이트(고양이)를 삭제한 후 '스프라이트 고르기' 단추를 클릭하여 저장소에서 'Apple'을 선택한다.
  - 스프라이트 창의 '스프라이트 고르기' 단추를 클릭하여 저장소에서 'Abby'을 선택한 후 이름을 'Alex'로 변경한다.
  - 스프라이트 창의 '스프라이트 업로드하기' 단추를 클릭하여 소스 파일에서 '아이작 뉴턴'을 선택하고, 크기를 70%로 바꾼다.

- 소리 파일 업로드:
  - 'Apple' 스프라이트의 소리 탭에서 소리 업로드하기 단추를 클릭하여 소스 파일에서 '쿵소리'를 선택한다.
  - '아이작 뉴턴' 스프라이트의 소리 탭에서 소리 업로드하기 단추를 클릭하여 소스 파일에서 '웃음소리'를 선택한다.

▷ **스토리 준비:**

- 숲길을 걷던 알렉스는 갑자기 사과가 나무에서 떨어지며 내는 쿵!! 소리를 듣는다.
- 사과가 나무에서 떨어지는 것을 보고 궁금증을 갖게 된 알렉스는 뉴턴 박사 연구실을 찾아간다.
- 연구실의 뉴턴은 알렉스의 방문을 받고 반갑게 맞으며 자신을 소개한다.
- 뉴턴과 인사를 나눈 알렉스는 사과가 왜 땅으로 떨어지는 것인지를 질문한다.
- 알렉스의 질문을 받은 뉴턴은 사과가 땅에 떨어지게 된 이유는 지구가 사과를 끌어당기는 힘 때문이었다고 설명하며, 이것을 [만유인력의 법칙]이라 부른다고 알려준다. 그리고 '이 법칙을 내가 발견했다'고 자랑스럽게 덧붙이면서 '하하하' 크게 웃는다.
- 뉴턴의 자랑을 들은 알렉스는 '왕자병이신듯...'하고 생각한다.

[지시사항]

▷ 알렉스(Alex) 스프라이트가 할 일 1

- 클릭했을 때,

Note

Note

- ■ 보여지면서 배경을 'Castle 2'로 바꾼다.
- ■ 알렉스의 위치를 [x: -130, y: -30]으로 이동한 후 모양을 'abby-a'로 바꾼다.
- ■ '상쾌한 아침이야~'하고 2초 동안 말하고, 모양을 'abby-b'로 바꾼다.
- ■ '오늘 즐거운 일이 없을까?'하고 2초 동안 말하고, 모양을 'abby-d'로 바꾼다.
- ■ '1'초 동안 기다린 후 이 스프라이트를 숨긴다.

▷ 사과(Apple) 스프라이트가 할 일

- 클릭했을 때,
  - ■ 이 스프라이트를 숨긴 후 '5'초 동안 기다렸다가 보이기를 한다.
  - ■ 배경을 'Tree'로 바꾼 후 사과의 위치를 [x: 130, y: 150]으로 이동한다.
  - ■ 사과를 아래로 조금씩 떨어지도록 한다(y좌표를 -20씩 바꾸기를 10회 반복).
  - ■ 사과가 바닥에 떨어진 뒤 '쿵!!'소리를 내며(쿵소리 재생과 함께 2초 동안 말하기), '쿵소리' 방송을 한다.
- 배경이 'Room 1'로 바뀌었을 때,
  - ■ 이 스프라이트를 숨긴다.

▷ 알렉스(Alex) 스프라이트가 할 일 2

- '쿵소리'를 받았을 때,
  - ■ 보여지면서 배경을 'Tree'로 바꾼다.
  - ■ 위치를 [x: -180, y: 0]에서 6회 반복으로 다음 코드를 구성하여 오른쪽으로 조금씩 이동하도록 한다
    - ▸ 모양을 'abby-a'로 바꾸고 x좌표를 20만큼 바꾸기
    - ▸ 모양을 'abby-d'로 바꾸고 x좌표를 20만큼 바꾸기
  - ■ 모양을 'abby-b'로 바꾸고 '사과는 왜 땅으로 떨어질까?'를 3초간 말한다.
  - ■ 모양을 'abby-c'로 바꾸고 '뉴턴박사님 연구실로 가보자!'를 2초간 말한다.
- '1'초 동안 기다린 후 배경을 'Room 1'로 바꾼다.
- 위치를 [x: -180, y: 0]에서 6회 반복으로 다음 코드를 구성하여 오른쪽으로 조금씩 이동하도록 한다.
  - ■ 모양을 'abby-a'로 바꾸고 x좌표를 15만큼 바꾸기
  - ■ 모양을 'abby-d'로 바꾸고 x좌표를 15만큼 바꾸기

▷ 아이작 뉴턴 스프라이트가 할 일 1

- 클릭했을 때,
- 이 스프라이트를 숨긴다.
- 배경이 'Room 1'로 바뀌었을 때,
- 보이도록 하여, [x: 120, y: 10] 위치에서 1초를 기다린 후 '안녕! 나 뉴턴이야~'을 3초 동안 말하게 한다.
- 이어서 '무슨 일로 찾아왔니?'를 2초 동안 말하고, '인사'를 방송한다.

▷ 알렉스(Alex) 스프라이트가 할 일 3

- '인사'방송을 받았을 때,
  - 1초 기다렸다가 '처음 뵙겠습니다. 박사님!'를 3초 동안 말한다.
  - 이어서 '사과는 왜 땅으로 떨어지는 거죠?'하고 2초 동안 말하고, '질문'을 방송한다.
  - 4초 동안 기다렸다가 모양을 abby-a로 바꾸고 '네??'를 2초 동안 말한다.
  - 2초 동안 기다렸다가 모양을 abby-c로 바꾸고 '아 그게 만유인력 법칙이군요!'를 2초 동안 말한다.

▷ 아이작 뉴턴 스프라이트가 할 일 2

- '질문'방송을 받았을 때,
  - '음...'하고 1초 동안 생각한 후, '그것은 무거운 지구가 사과를 자기쪽으로 끌어당기기 때문이란다~'하고 3초 동안 말한다.
  - 2초 동안 기다렸다가 '이것을 만유인력 법칙이라고 하지~'라고 2초 동안 말한다.
  - 2초 동안 기다렸다가 '이 법칙은 바로 내가 발견했지!!!'하고 2초 동안 말한다.
  - 2회 연속으로 '웃음소리'를 끝까지 재생한 후 '하하하'를 방송한다.

▷ 알렉스(Alex) 스프라이트가 할 일 4

- '하하하'방송을 받았을 때,
  - '이거 왕자병이 아니신가???'를 3초 동안 생각한다.

Note

Tip

등장 인물들이 서로 대화를 주고받는 장면을 코딩할 때는 '기다리기 블록'이나 '방송하기' 블록을 적절히 사용하여 연속된 순차 구조가 되도록 해야 한다.

Tip

대화를 구성할 때 소리블록의 말하기를 대신하여 확장 기능의 TTS 블록과 번역블록을 사용하면 대화 내용을 영어 음성으로 표현할 수 있다.

Note

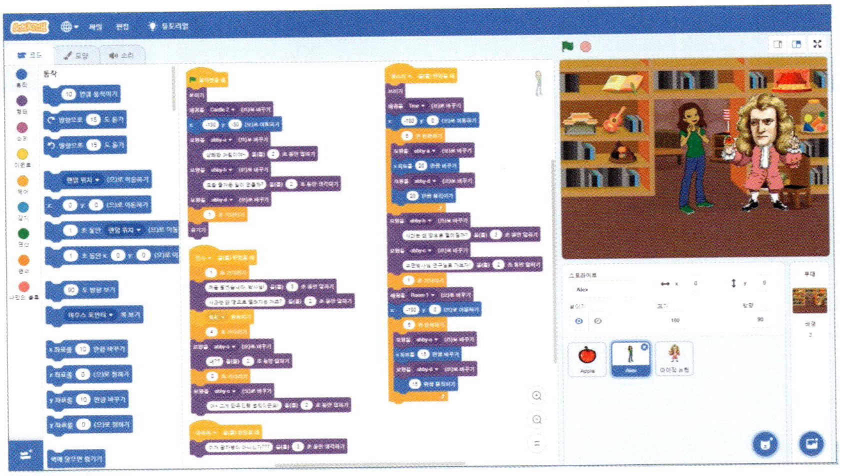

클릭했을 때
숨기기
5 초 기다리기
보이기
배경을 Tree (으)로 바꾸기
x: 130 y: 150 (으)로 이동하기
10 번 반복하기
y 좌표를 -20 만큼 바꾸기
쿵소리 재생하기
쿵!! 을(를) 2 초 동안 말하기
쿵소리 방송하기
배경이 Room 1 (으)로 바뀌었을 때
숨기기

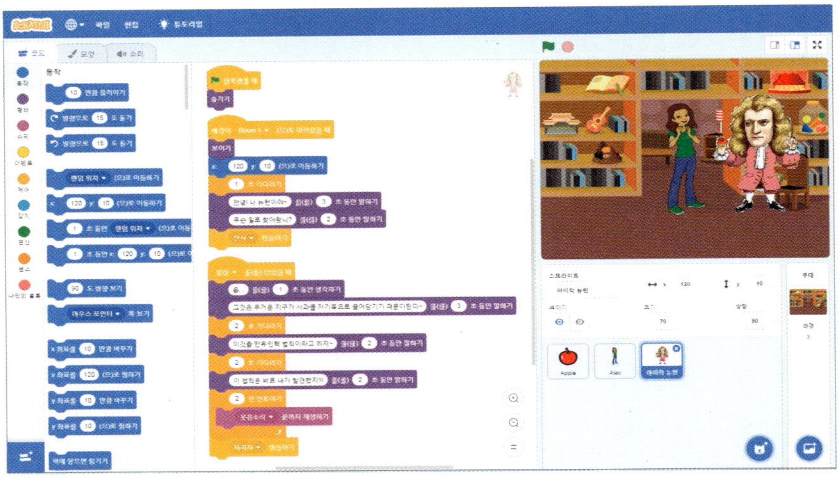

3) 애니메이션 스토리 구성과 소스 준비

Note

스크래치 애니메이션을 구현하기 위해서는 재미있는 스토리를 만들고 거기에 적당한 배경 이미지와 스프라이트 및 효과음들이 준비되어야 한다.

애니메이션 스토리는 창작도 가능하겠지만 처음에는 익히 알려진 길지 않은 전래동화나 한국사, 세계사, 성경 등에 등장하는 이야기들의 단편을 활용하여 구현해 봄으로써 스크래치의 애니메이션 활용성에 대한 이해력을 높여가는 것이 필요하다.

구현할 스토리가 준비되면 먼저 장면을 나누고 각 장면의 배경과 장면마다 등장할 인물 또는 사물들을 목록화 한 뒤에 필요한 이미지를 수집하여 준비하는데 이미지를 준비하는 방법으로는 직접 그리기 및 스캔하기, 인터넷 검색하기, 기존의 저장소 이미지를 활용하거나 편집하기 등이 있다. 또한 배경과 스프라이트에 내장되어 재생될 효과음이나 녹음파일도 인터넷 검색이나 직접 녹음하여 준비한다.

여기서는 스토리 구현을 위한 이미지 소스의 준비와 관련하여 몇 가지 스킬을 실습하는 내용을 진행해 본다.

실습하기 8 스프라이트 배경 투명처리

▷ **스크래치 준비**

- 스프라이트: a-lion(소스 파일)
  - ■ 스프라이트 창의 초기 스프라이트(고양이)를 삭제한 후 '스프라이트 업로드하기' 단추를 클릭하여 소스 파일에서 'a-lion'을 선택한다.
  - ■ 크기 값에 50을 입력하여 원본의 50%로 조정한다.

- 배경 준비: 정글숲(소스 파일)
  - ■ 무대의 '배경 업로드하기' 단추를 클릭하여 소스 파일에서 '정글숲'을 선택한다.

▷ **지시사항**

- 'a-lion' 스프라이트의 배경(흰색)을 투명하게 처리하여 배경을 가리지 않도록 하고 사자의 방향을 왼쪽으로 향하게 하시오.

Note

Tip
일반적으로 인터넷 검색으로 얻어진 이미지는 배경이 투명하지 않아 적절한 방법으로 처리하지 않으면 스프라이트로 사용하는데 한계가 있다.

Tip
※ 이미지에 따라서는 채우기 색을 없음(/)으로 하여 '채우기 색' 단추를 배경 쪽에 적용하는 방법이 보다 유효할 수 있다.
※ 참고: 스크래치 2.0에서는 '배경없애기' 도구가 있어서 좀 더 효과적인 작업이 가능했다.

방법1) '모양' 탭 도구 '지우개' 사용

- '모양' 탭 도구 '지우개'를 선택하고 상단의 두께 값(초기값: 40)을 조절해 가며 흰색 배경을 지운다.
- 실수가 생기면 상단의 되돌리기 단추를 사용하여 수정한다.

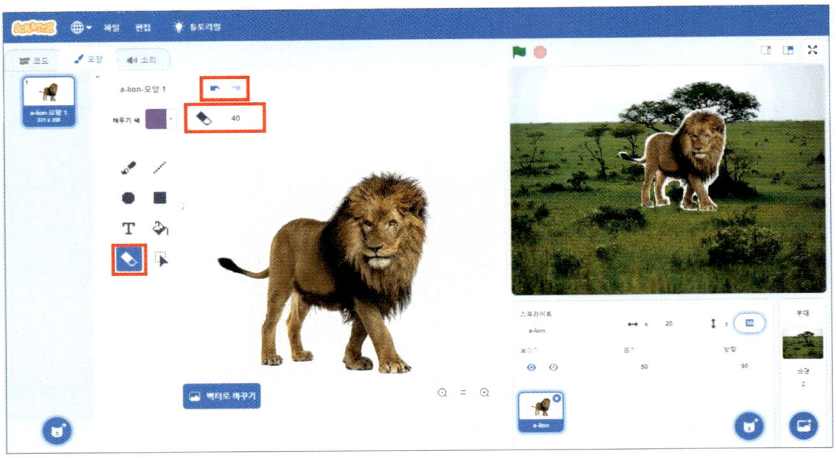

방법2) 'PowerPoint' 그림 '서식' 도구 사용

- 'PowerPoint'를 실행하고 [삽입]-[그림] 메뉴를 선택하여 소스 파일의 'a-lion'파일을 삽입한다.
- 삽입된 그림을 선택하면 상단에 그림도구-[서식] 메뉴가 생기는데 이를 선택하고 이어서 조정 그룹의 [색]-[투명한 색 설정] 메뉴를 선택한다.
- 마우스 포인트를 사자 그림의 흰색 배경을 클릭하면 흰색 배경이 투명한 색으로 변경된다.

- 배경을 투명하게 처리한 사자 그림에서 오른쪽 클릭하여 [그림으로 저장] 메뉴를 실행하고, [그림으로 저장] 창에서 파일 형식을 'PNG 형식' 파일 이름은 'a-lion(PPT)'로 하여 소스 파일 폴더에 저장한다.

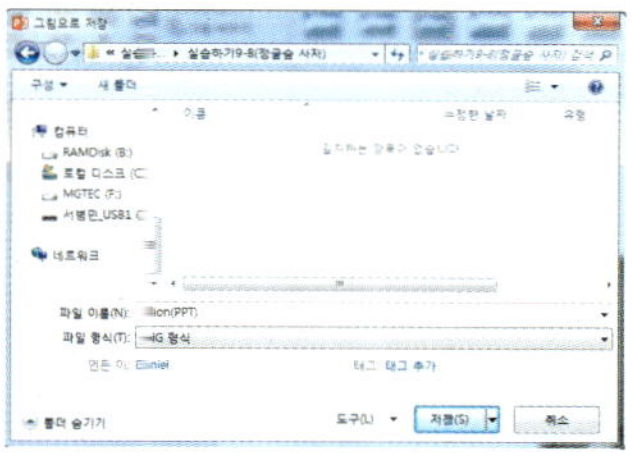

- 스프라이트 창에서 기존의 'a-lion'을 삭제한 후 '스프라이트 업로드하기' 단추를 클릭하여 소스 파일에서 'a-lior_PPT'을 선택한다.
- 스프라이트 크기를 50%로 조정하고 마우스로 끌어서 무대 오른쪽 가장자리로 이동한다.
- 동작 블록의 '벽에 닿으면 튕기기'와 '회전방식을 왼쪽-오른쪽으로 정하기' 블록을 코드 창으로 가져와 클릭하여 사자의 방향을 왼쪽 방향으로 돌려놓는다.

Note

Tip
'-90'도 방향보기 블록을 사용하면 사자가 거꾸로 뒤집힌다.

Tip
픽슬러 'Online Photo Editor'는 일반인들이 포토샵을 대신하여 쓸 수 있는 무료 사이트이다.

방법3) 픽슬러 'Online Photo Editor' 사용

- 'http://pixlr.com/editor/'에 접속하여 [컴퓨터로부터 이미지 열기]를 선택한 후 소스 폴더에서 'a-lion'파일을 불러온다.
- 도구상자에서 [요술봉] 도구를 선택하여 요술봉 포인트를 사자 그림의 흰색 배경을 클릭하면 사자를 제외하고 흰색 배경이 전부 선택된다.

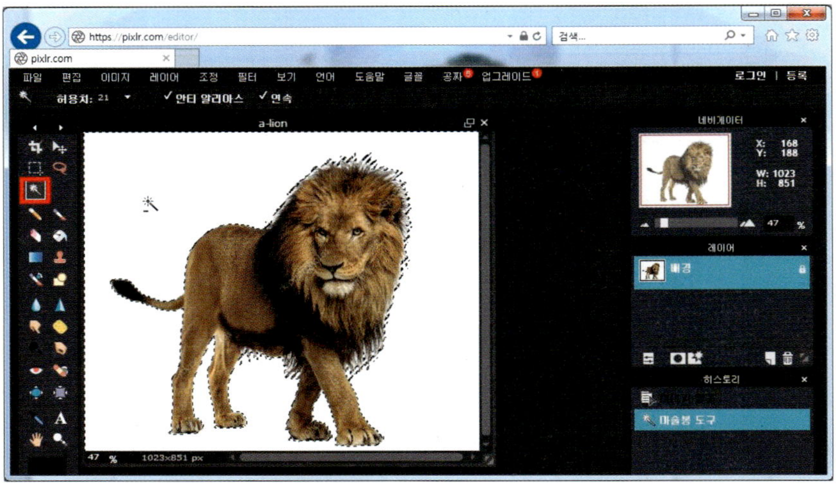

- 상단의 [편집]-[반전 선택] 메뉴를 선택한 후 [파일]-[자르기] 메뉴를 선택하여 사자 그림만 잘라낸다.
- [파일]-[새 이미지] 메뉴를 선택하고 '새 이미지' 옵션 창에서 [클립보드로부터 이미지 생성]과 [투명]을 선택하고 [확인]단추를 클릭한다.

- 생성된 투명한 배경의 새 사자 그림을 [파일]-[저장] 메뉴를 실행하고 '이미지 저장' 창에서 이름: a-lion_pixlr, 형식: PNG(투명, 완전한 품질)을 선택하고 [확인] 단추를 클릭하여 소스 파일 폴더에 저장한다.
- 이 파일을 스프라이트로 업로드하여 앞에서와 같이 크기를 조정하고 '벽에 닿으면 튕기기'와 '회전방식을 왼쪽-오른쪽으로 정하기' 블록을 사용하여 방향을 왼쪽 방향으로 돌려놓는다.

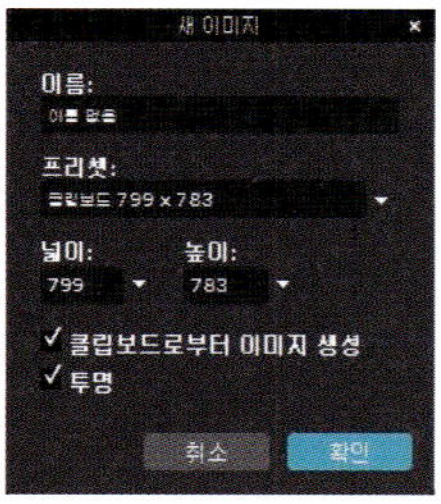

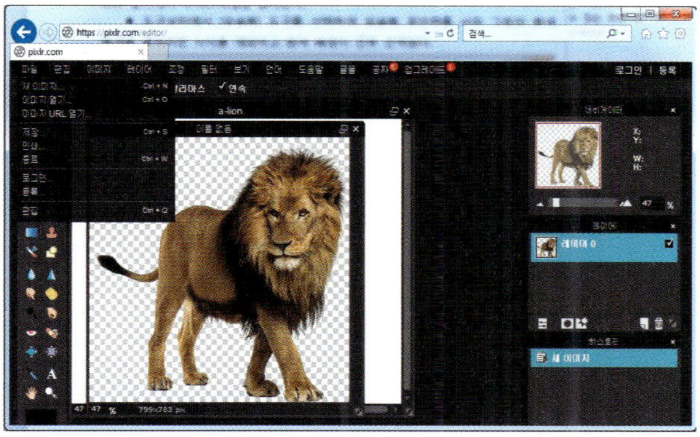

Note

Note

Tip

이미지의 요소 선택이나 크기 조절, 회전 등은 백터 이미지에서 해야 한다.

Tip

편집한 이미지를 비트맵 이미지로 바꾸면 이미지 요소가 하나로 연결되어 이전과 같은 부분 수정은 불가능하다.

실습하기 9 저장소 스프라이트 합성 편집하기

▷ **스크래치 준비**

- 스프라이트: 스프라이트1(초기), Harper(저장소)
  - 스크래치를 실행하여 초기 스프라이트1(고양이)을 그대로 두고 스프라이트 창에서 x 좌표: -100, y 좌표: 0으로 한다.
  - 스프라이트 창의 '스프라이트 고르기' 단추를 클릭하여 패션 그룹에서 'Harper'을 선택하고 스프라이트 창에서 x 좌표: 100, y 좌표: 10으로 한다.

▷ **지시사항**

▷ 스프라이트1(고양이)가 할 일

- 먼저 '모양' 탭에서 소스 파일의 합성용 얼굴을 가져와 고양이 얼굴을 바꾸어 편집한 새로운 합성 스프라이트 만든다.
  - '모양' 탭에서 '모양 업로드하기' 단추를 클릭하여 소스 파일에서 'face1' 이미지를 업로드 한다.
  - 'face1' 모양에서 [백터로 바꾸기]를 하고 우측 하단의 화면 축소 단추를 클릭하여 얼굴 이미지 전체가 보이도록 조정한 후 얼굴 이미지를 클릭하여 선택한다.
  - 선택된 얼굴 이미지 주변에 경계선이 굵게 표시되고 둥근 조절점 8개가 나타나는데 우측 하단 모서리의 조절점을 끌어 고양이 몸에 붙일 수 있는 크기로 작게 조절한 후에 상단의 [복사] 단추를 클릭한다.
  - 좌측 모양 선택 창에서 '모양 1'을 선택하고, 얼굴 부위를 선택하여 [삭제]한 후 [붙이기] 단추를 클릭하여 앞에서 복사한 'face1' 이미지를 불러온다.
  - 붙이기한 'face1' 끌어 고양이 몸에 알맞게 붙여준다. 이때 필요하면 크기를 더 조절하거나 회전 조절점을 끌어 보다 자연스런 포즈가 되도록 한다.
  - 좌측 모양 선택 창에서 '모양 2'을 선택하고, 위와 동일한 방식으로 고양이 얼굴을 교체 합성한다.
  - 이미지 합성 편집이 완료되었으면 [비트맵으로 바꾸기]를 한다.
- 좌측 모양 선택 창에서 'face1'을 삭제하고 '코드' 탭으로 이동한다.

- 클릭했을 때, 아래 코드를 10번 반복하도록 구성한다.
  - 0.2초 기다리기
  - 다음 모양으로 바꾸기

▷ Harper가 할 일

- '모양' 탭에서 패션 저장소의 여러 신상요소와 소스 파일의 '가발'을 업로드하여 각각의 모양에서 필요한 요소를 복사해와 Harper에 합성하고 예쁘게 꾸며진 합성 스프라이트로 완성한다.
  - '모양' 탭에서 '모양 고르기' 단추를 클릭하여 패션 탭에서 'Shose-a'를 선택한다.
  - '모양' 탭에서 '모양 고르기' 단추를 클릭하여 패션 탭에서 'Pants-b'를 선택한다.
  - '모양' 탭에서 '모양 고르기' 단추를 클릭하여 패션 탭에서 'Shirt-a'를 선택한다.
  - '모양' 탭에서 '모양 고르기' 단추를 클릭하여 패션 탭에서 'Glasses-c'를 선택한다.
  - '모양' 탭에서 '모양 고르기' 단추를 클릭하여 패션 탭에서 'Hat-d'를 선택한다.
  - '모양' 탭에서 '모양 업로드하기' 단추를 클릭하여 소스 파일에서 '가발1' 이미지를 업로드 한다.
- 좌측 모양 선택 창에서 'Shose-a'을 선택하고 이미지를 복사하여 'harper-a'에 적절히 합성한다.
  - 백터 이미지로 전환하여 'Ctrl + 드래그'로 이미지를 선택하고 [그룹화를 적용]을 하여 [복사] 단추를 클릭한다.
  - 'harper-a' 모양으로 이동하여 [붙이기] 단추를 클릭하고 드래그하여 harper의 발 위치에 합성한다.
- 좌측 모양 선택 창에서 'Pants-b'을 선택하고 이미지를 복사하여 'harper-a'에 적절히 합성한다.
  - 백터 이미지로 전환하여 'Ctrl + 드래그'로 이미지를 선택하고 [그룹화를 적용]을 하여 [복사] 단추를 클릭한다.
  - 'harper-a' 모양으로 이동하여 [붙이기] 단추를 클릭하고 드래그하여

Note

Tip

신발이 팬츠 뒤쪽으로 가려져 좋지 않을 경우 신발을 다시 선택하여 상단의 [앞으로] 단추를 클릭하여 순서를 바꾼다.

harper의 다리 위치에 합성한다.

- 좌측 모양 선택 창에서 'Shirt-a'을 선택하고 이미지를 복사하여 'harper-a'에 적절히 합성한다.
  - 백터 이미지로 전환하여 'Ctrl + 드래그'로 이미지를 선택하고 [그룹화를 적용]을 하여 [복사] 단추를 클릭한다.
  - 'harper-a' 모양으로 이동하여 [붙이기] 단추를 클릭하고 드래그하여 harper의 몸 위치에 합성한다.
- 좌측 모양 선택 창에서 'Grasses-c'을 선택하고 이미지를 복사하여 'harper-a'에 적절히 합성한다.
  - 백터 이미지로 전환하여 'Ctrl + 드래그'로 이미지를 선택하고 [그룹화를 적용]을 하여 [복사] 단추를 클릭한다.
  - 'harper-a' 모양으로 이동하여 [붙이기] 단추를 클릭하고 드래그하여 harper의 얼굴 위치에 합성한다.
- 좌측 모양 선택 창에서 '가발1'을 선택하고 이미지를 복사하여 'harper-a'에 적절히 합성한다.
  - 백터 이미지로 전환하여 이미지를 선택하고 [그룹화를 적용]을 하여 [복사] 단추를 클릭한다.
  - 'harper-a' 모양으로 이동하여 [붙이기] 단추를 클릭하고 드래그하여 harper의 머리 위치에 합성한다. 이때 크기가 맞지 않으면 모서리 조절점을 드래그하여 크기를 조절한다.
- 좌측 모양 선택 창에서 'Hat-d'을 선택하고 이미지를 복사하여 'harper-a'에 적절히 합성한다.
  - 백터 이미지로 전환하여 'Ctrl + 드래그'로 이미지를 선택하고 [그룹화를 적용]을 하여 [복사] 단추를 클릭한다.
  - 'harper-a' 모양으로 이동하여 [붙이기] 단추를 클릭하고 드래그하여 harper의 머리 위치에 합성한다.
- 이미지 합성 편집이 완료되었으면 [비트맵으로 바꾸기]를 하여 합성 스프라이트를 완성한다.

Note

Tip
편집한 이미지를 비트맵 이미지로 바꾸면 이미지 요소가 하나로 연결되어 이전과 같은 부분 수정은 불가능하다.

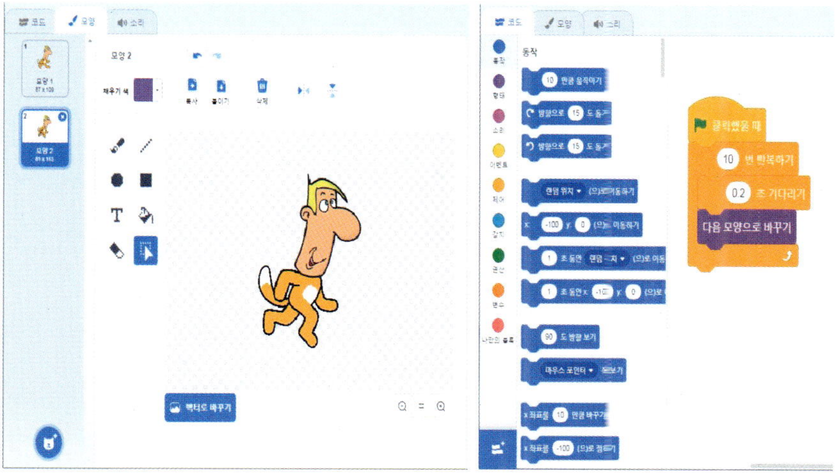

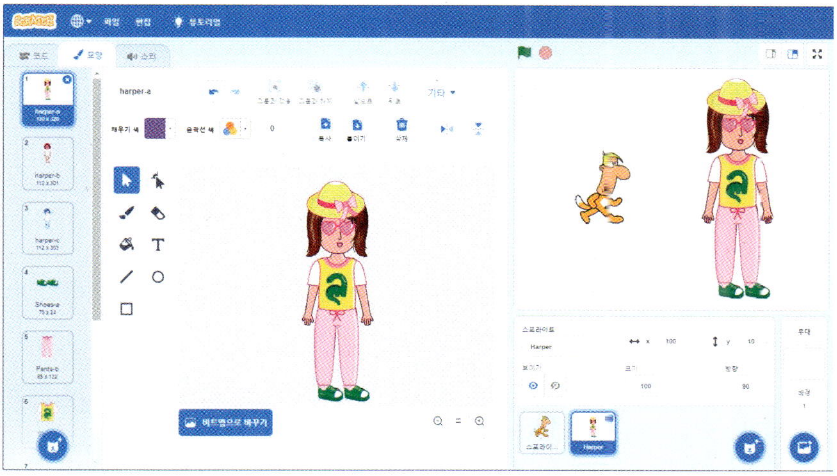

Note

확인해 봅시다!

[확인9-04]

① 소스 파일의 'face2'를 사용하여 고양이 스프라이트의 얼굴을 교체는 합성 스프라이트를 완성하시오.

② 소스 파일의 '가발2'와 패션 저장소의 모양 요소를 사용하여 harper-b와 harper-c를 예쁘게 꾸미는 합성 스프라이트를 완성하시오.

Note

Tip
스프라이트 시트(sprite sheet)란 2D 에니메이션 캐릭터의 모든 키포즈를 한 장의 이미지에 담은 것이다.

Tip
Unity 같은 전문 에니메이션 툴을 사용하면 스프라이트 자르기를 자동으로 수행할 수도 있다.

실습하기 10 스프라이트 시트 활용

▷ 스프라이트 시트 준비

- 스프라이트 시트 검색하기
  - 포털 사이트 검색을 통해 비교적 쉽게 스프라이트 시트를 구할 수 있다. 이러한 스프라이트 시트를 사용하면 스크래치에서 스프라이트의 동작 모양을 쉽게 얻을 수 있다.
    예를 들어 구글 이미지 검색 사이트(https://www.google.co.kr/imghp?hl=ko)에서 '스프라이트'를 입력하여 검색해 본다.
  - 여기서는 소스 파일의 소스 파일의 'Sprite sheet1'을 사용한다.

▷ 지시사항

- 'Sprite sheet1' 스프라이트 시트의 스카이 콩콩을 타는 이미지 4개를 잘라 스크래치 스프라이트 모양 이미지로 가져와 스카이 콩콩을 타는 동작을 구현해 보시오.

방법1) 'PowerPoint' 그림 '서식' 도구 사용

- 'PowerPoint'를 실행하고 [삽입]-[그림] 메뉴를 선택하여 소스 파일의 'Sprite sheet1'파일을 삽입한다.
- 삽입된 그림을 선택하면 상단에 그림도구-[서식] 메뉴가 생기는데 이를 선택하고 먼저 조정 그룹의 [색]-[투명한 색 설정] 메뉴를 선택한다.
- 마우스 포인트를 그림의 흰색 배경을 클릭하여 흰색 배경을 투명한 색으로 변경한다.
- 이어서 크기 그룹의 [자르기] 명령을 선택한 후 상, 하, 좌, 우 중앙의 조절점을 끌어 자르고자 하는 이미지에 맞춘다.

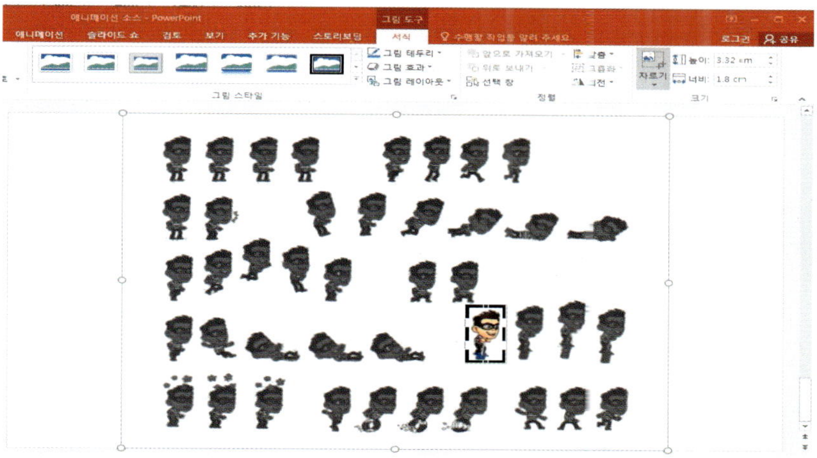

Note

- 빈 바탕을 클릭하여 자르기 모드를 해제한 후 'Ctrl + C'하여 새 슬라이드에 붙여넣기(Ctrl + V)를 한다.
- 이어서 처음 슬라이드의 그림을 선택하고 [자르기] 명령을 클릭하면 이전의 자르기 작업상태가 복원된다. 원본 이미지를 드래그하여 다음 자르기 위치를 처음의 자르기 앵글에 맞추어 주면 계속해서 동일한 크기의 자르기를 반복적으로 할 수 있게 된다.
- 이렇게 잘라진 이미지들을 앞에서와 같이 자르기 모드를 해제한 후 'Ctrl + C'하여 새 슬라이드에 붙여넣기(Ctrl – V)를 하여 원하는 4개의 이미지를 모은다.

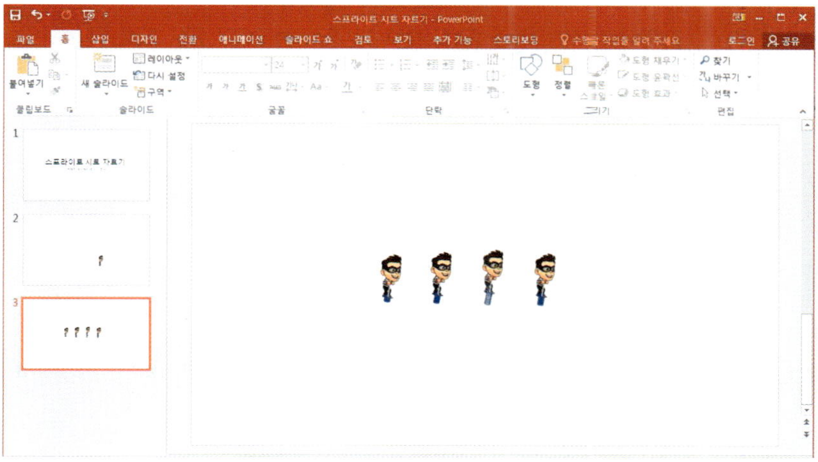

Note

- 배경을 투명하게 처리하여 자르기를 한 4개의 이미지를 각기 오른쪽 클릭하여 [그림으로 저장] 메뉴를 실행하고, [그림으로 저장] 창에서 파일 형식을 'PNG 형식' 파일 이름은 'daniel-a', 'daniel-b', 'daniel-c', 'daniel-d'로 하여 소스 파일 폴더에 저장한다.
- 스크래치를 실행하고 무대의 '배경 고르기' 단추를 클릭하여 저장소에서 'Wall 2'을 선택하고 '배경' 탭으로 이동하여 초기 '배경 1'은 삭제한다.
- 스프라이트 창에서 초기 스프라이트1(고양이)는 삭제 한 후, '스프라이트 업로드하기' 단추를 클릭하여 소스 파일로 저장된 'daniel-a'을 선택하고 스프라이트 이름은 'daniel' 모양 이름은 'daniel-a'로 한다.
- 스프라이트 모양 탭의 '모양 업로드하기' 단추를 클릭하여 소스 파일로 저장된 'daniel-b', 'daniel-c', 'daniel-d'를 선택하여 업로드 한다.
- 코드 탭에서 변수 'x'를 선언한 후 다음 그림과 같이 코드를 구성하여 동작시켜 본다.

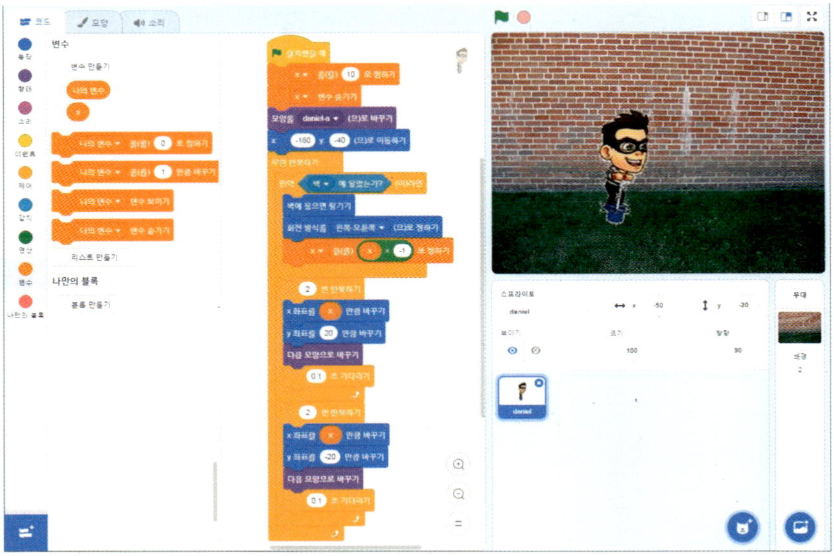

방법2) 픽슬러 'Online Photo Editor' 사용

- 'http://pixlr.com/editor/'에 접속하여 [컴퓨터로부터 이미지 열기]를 선택한 후 소스 폴더에서 'Sprite sheet1'파일을 불러온다.

Tip
픽슬러 'Online Photo Editor'는 일반인들이 포토샵을 대신하여 쓸 수 있는 무료 사이트이다.

- 도구상자에서 [선택 도구] 도구를 선택하여 원하는 부분은 드래그하여 선택하고 [편집]-[자르기] 메뉴를 실행한다.

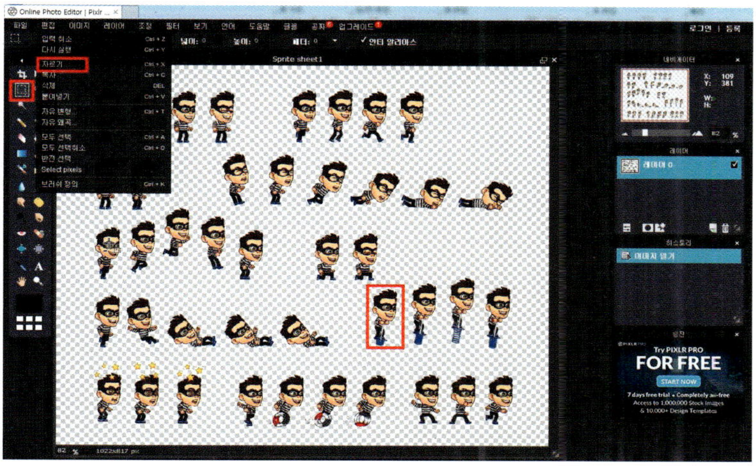

- [파일]-[새 이미지] 메뉴를 선택하고 '새 이미지' 옵션 창에서 [클립보드로부터 이미지 생성]과 [투명]을 선택하고 [확인]단추를 클릭한다.
- 생성된 투명한 배경의 새 사자 그림을 [파일]-[저장] 메뉴를 실행하고 '이미지 저장' 창에서 이름: daniel-a, 형식 PNG(투명, 완전한 품질)을 선택하고 [확인] 단추를 클릭하여 소스 파일 폴더에 저장한다.
- 계속하여 옆의 이미지를 선택, 자르기, 저장을 반복하여 소스 파일 폴더에 'daniel-b', 'daniel-c', 'daniel-d' 이름으로 저장한다.
- 코드 탭에서 앞에서와 같이 코드를 구성하여 스카이 콩콩을 타는 동작 구현을 완성한다.

확인해 봅시다!

[확인9-05]

소스 파일 'Sprite sheet1' 의 다른 이미지들을 자르기 하여 'daniel' 이 멀리 뛰기를 하다가 넘어지는 동작을 구현해 보시오. 이때 소스 파일 '효과음모음' 의 '남자 비명소리' 를 넘어질 때의 효과음으로 사용하고, 배경 그림은 검색하여 '운동장' 이미지를 사용하시오.

Note

Tip

스크래치 애니메이션 소스 이미지를 준비하는 방법은 본서에서 실습한 것 이외에 직접 이미지를 그리고 스캔하여 사용하는 방법도 있다.

Tip

본 소스 파일에는 애니메이션 구현에 효과음도 활용할 수 있도록 하기 위해 '효과음모음' 압축파일도 예시로 첨부하였다.

Note

연습문제

01. 잘 알려진 이야기(전래동화, 역사 이야기) 또는 창작 이야기를 스크래치 스크립트로 애니메이션 동화를 만들어 보시오.

▷ 방법: 배경과 스프라이트, 소리파일 등을 스스로 제작하거나 스크래치 저장소 또는 인터넷 소스를 활용하여 사용하고, 자신이 구성한 이야기를 스크래치 애니메이션 동화로 구현해 본다.

▷ 구성:

- 전체 시간 : 2~3분 내외로 구성
- 배경 그림 : 5~10장 내외로 준비
- 스프라이트 : 3~5개 정도(그 이상도 가능)
- 각 스프라이트별 모양 : 동작을 표현하기 위한 충분한 정도로 준비
- 소리파일(효과음) : 1개 이상 사용
- 실행이벤트 : 클릭 이벤트 1회(기타 이벤트는 프로젝트 실행과정에서 모두 자동 실행되거나 또는 안내 메시지를 표시하여 사용자의 키보드나 마우스 이벤트 유도)

※ 참고용 애니메이션 샘플파일은 소스파일에서 확인

※ 본 연습문제 해답은 생략 함

Chapter 10

COS 2급 시험대비

스크래치 2.0 버전과 3.0 버전 비교

1. 스크래치 2.0 화면구성

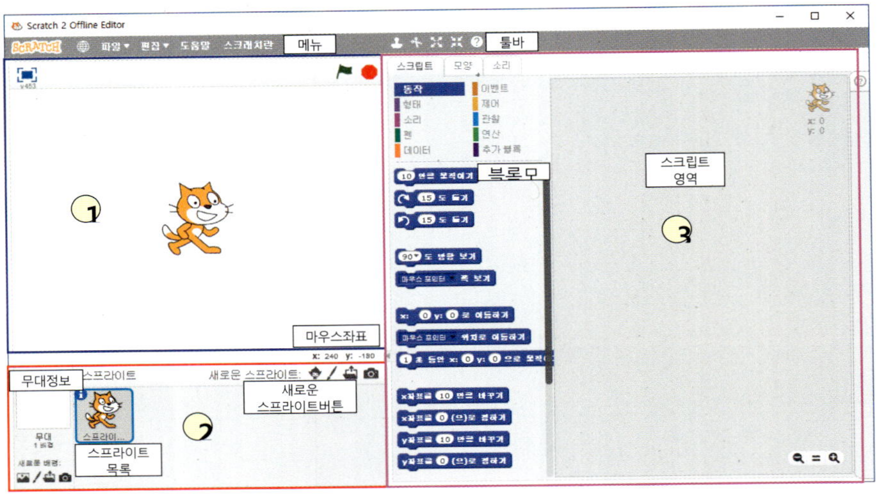

① **실행 창** : 무대 및 스프라이트에 부여한 스크립트 명령을 실행하여 화면으로 표시한다.

② **무대 및 스프라이트** : 무대의 배경 그림과 무대에 등장하는 이미지를 나타내는 스프라이트를 표시한다.

③ **작업영역** : 무대를 클릭하면 스크립트 배경, 소리 탭이 표시되고, 스프라이트를 클릭하면 스크립트, 모양, 소리 탭이 표시된다.

- **블록모음** : 프로그램 작성을 위한 다양한 기능의 블록을 표시한다.
- **스크립트 영역** : 블록을 이용해 스크립트를 작성하는 곳이다.

2. 스크래치 3.0 화면구성

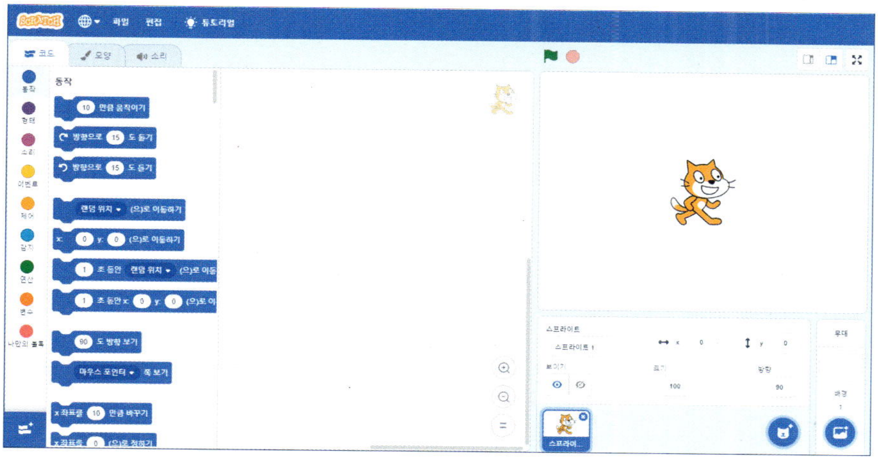

Note

Note

3. 블록 비교

1) 동작블록

2.0	3.0
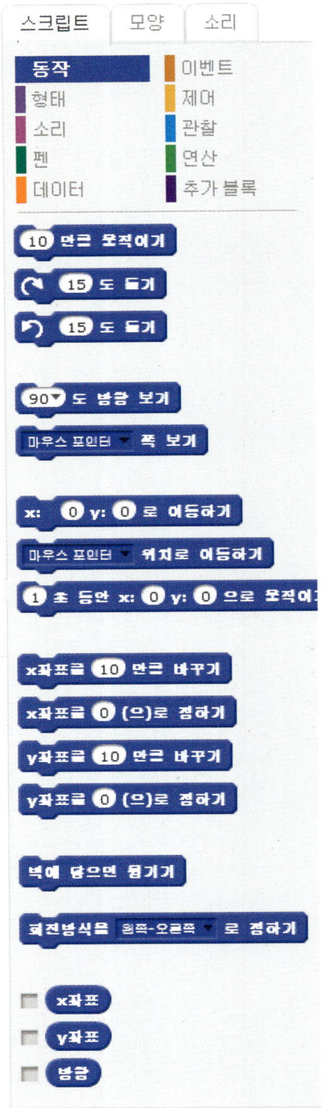	

2) 형태블록

<table>
<tr><th>2.0</th><th>3.0</th></tr>
<tr><td>
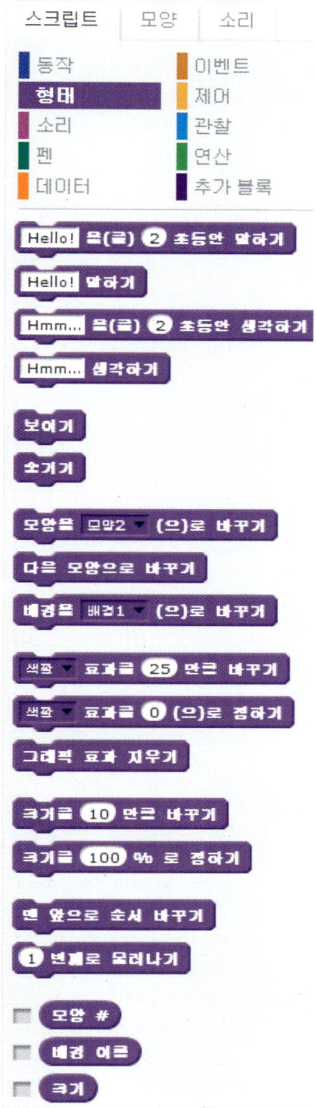

</td><td>
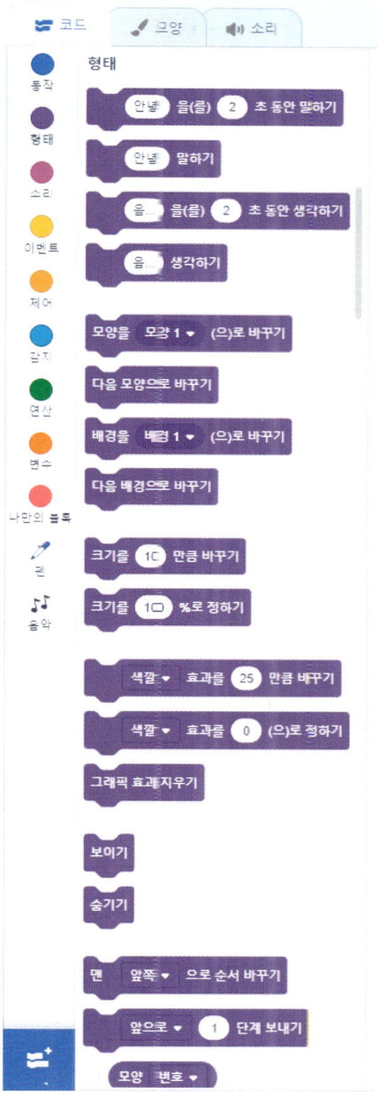

</td></tr>
</table>

Note

Note

3) 소리블록

2.0	3.0
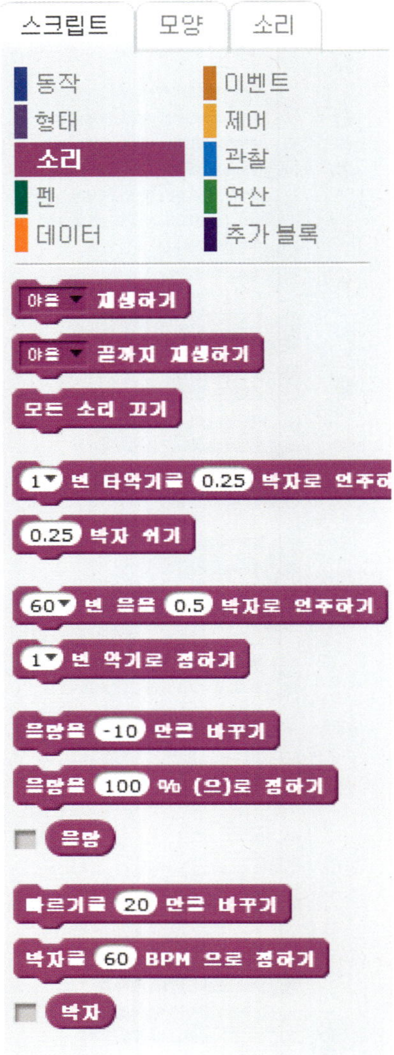	

4) 펜블록

2.0	3.0
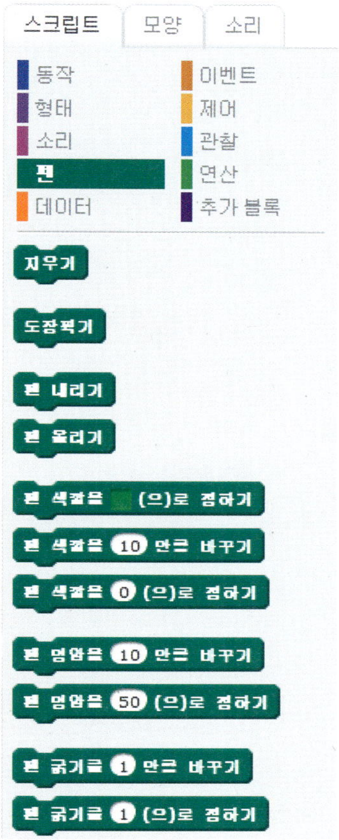	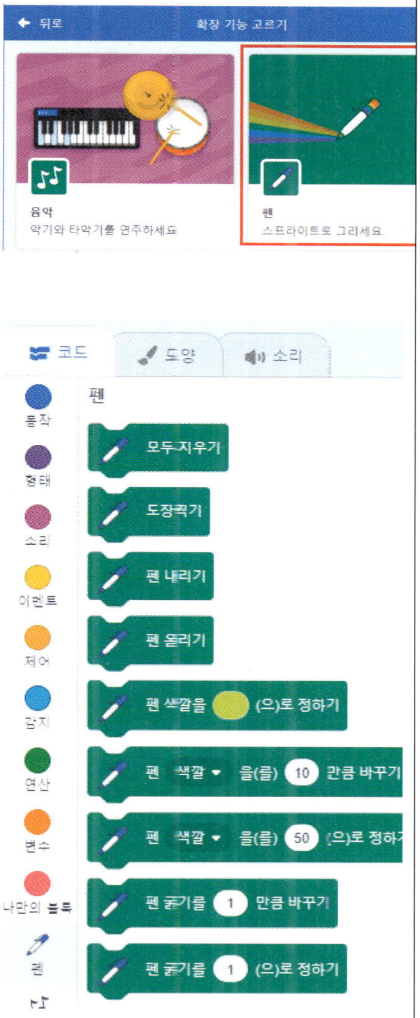

Note

5) 데이터/변수블록

<table>
<tr><th>2.0</th><th>3.0</th></tr>
<tr><td>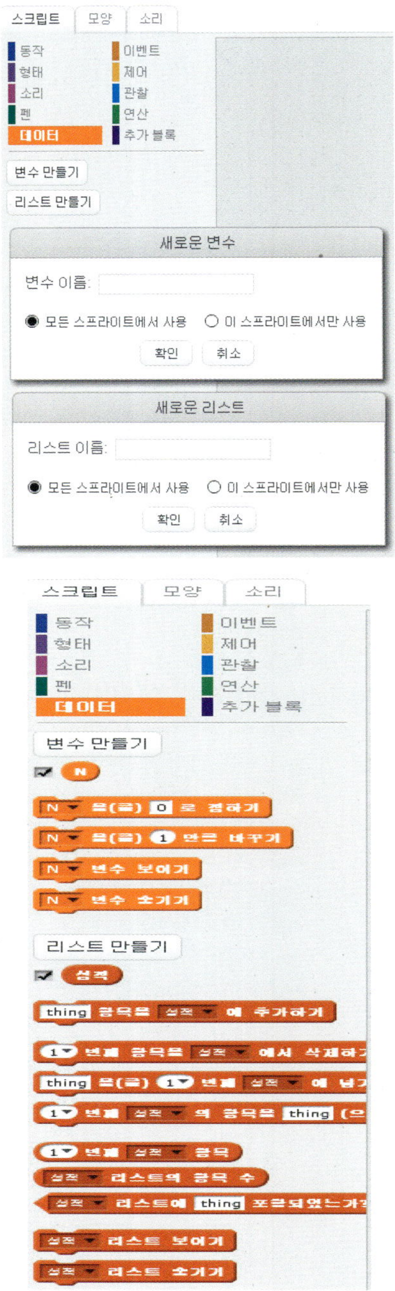
</td>
<td>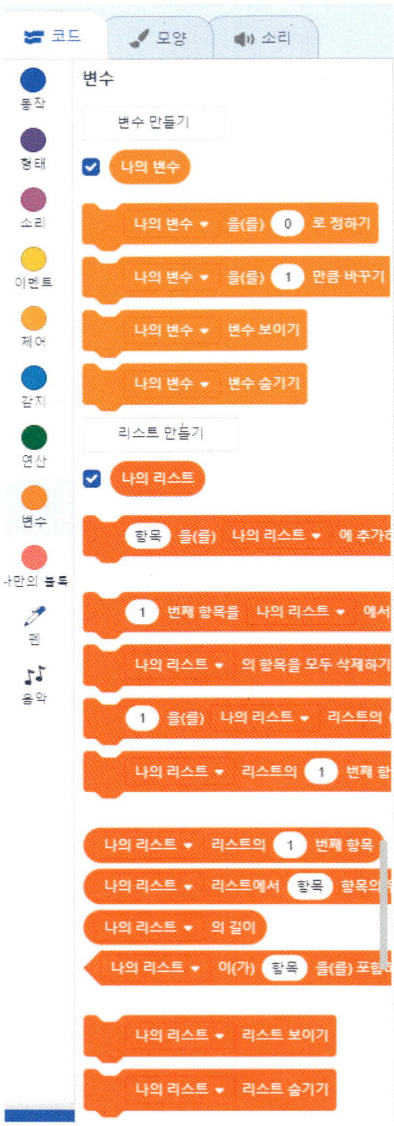
</td></tr>
</table>

6) 이벤트블록

<table>
<tr><th>2.0</th><th>3.0</th></tr>
<tr><td>
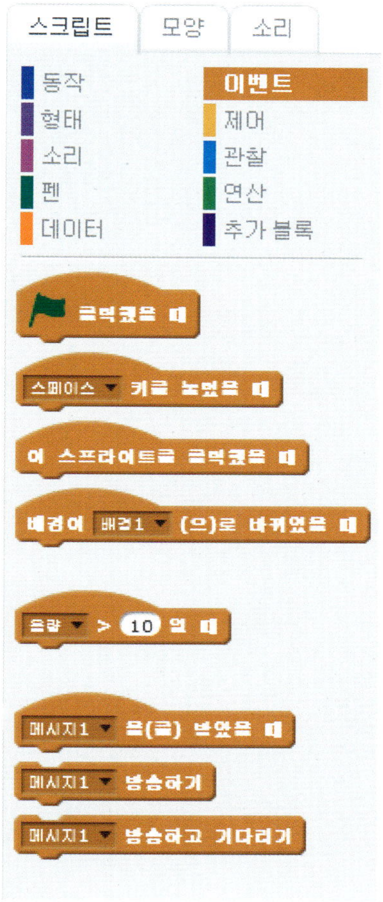

</td><td>

</td></tr>
</table>

Note

Note

7) 제어블록

<table>
<tr><th>2.0</th><th>3.0</th></tr>
<tr><td>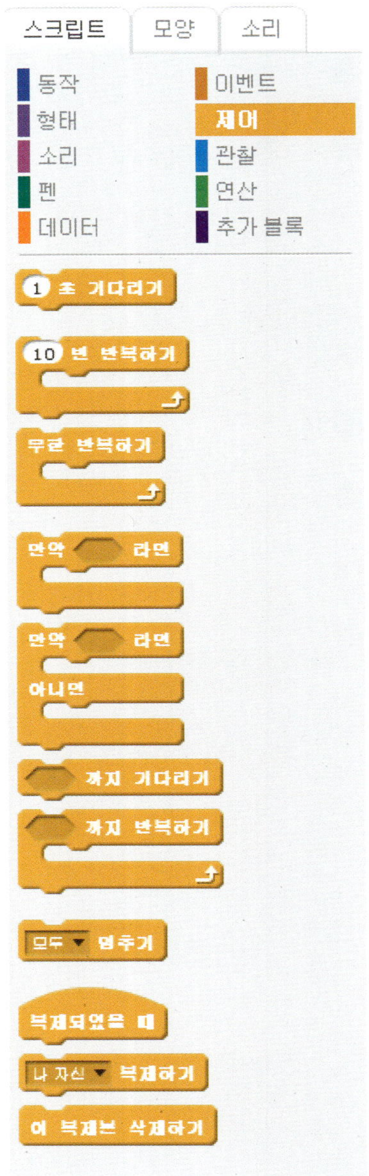
</td><td>
</td></tr>
</table>

8) 관찰/감지블록

2.0	3.0
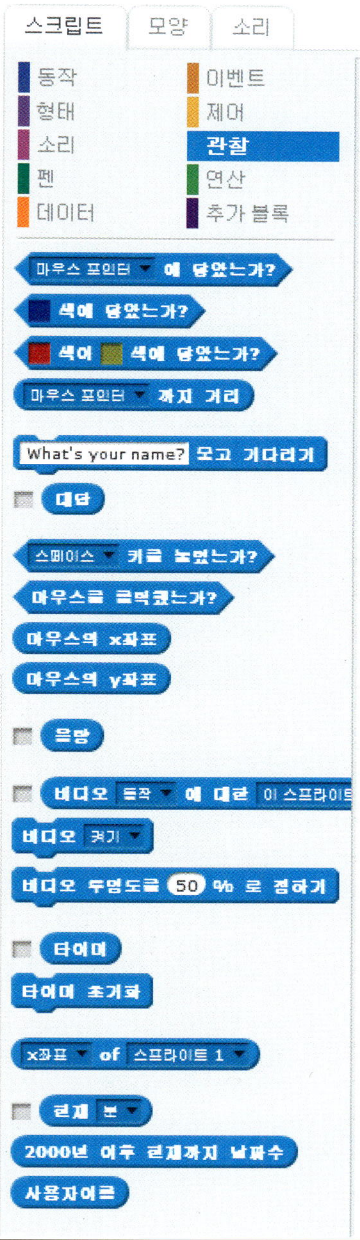	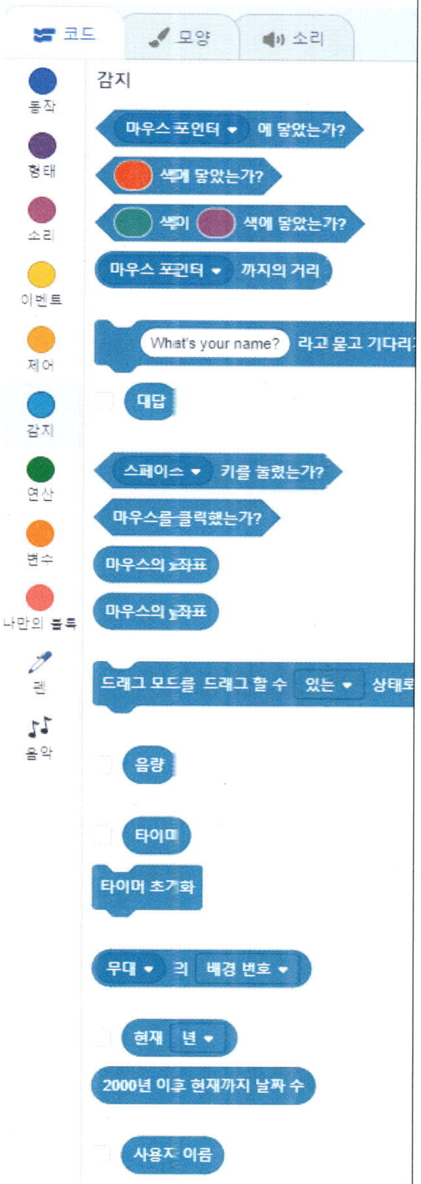

Note

9) 연산블록

2.0	3.0
스크립트 모양 소리 동작 형태 소리 펜 데이터 이벤트 제어 관찰 연산 추가 블록 + - * / 1 부터 10 사이의 난수 < = > 그리고 또는 가(이) 아니다 hello 와 world 결합하기 1 번째 글자 (world) world 의 길이 나누기 의 나머지 반올림 제곱근 (9)	코드 모양 소리 동작 형태 소리 이벤트 제어 감지 연산 변수 나만의 블록 펜 음악 연산 + - x ÷ 1 부터 10 사이의 난수 > 50 < 50 = 50 그리고 또는 이(가) 아니다 apple 와(과) banana 결합하기 apple 의 1 번째 글자 apple 의 길이 apple 이(가) a 을(를) 포함하는가? 나누기 의 나머지 의 반올림 절댓값 ( )

10) 추가블록/나만의 블록

Note

2.0

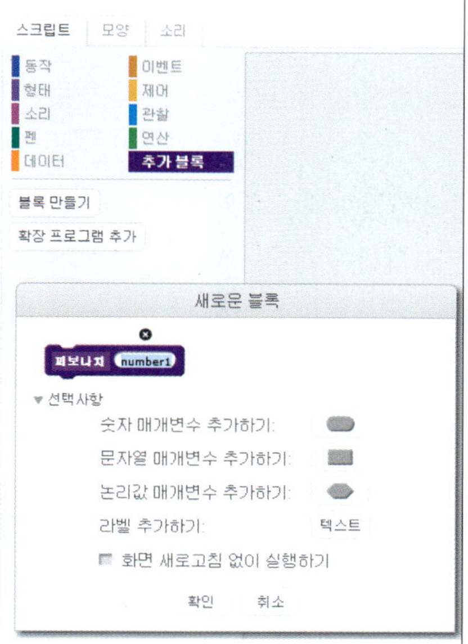

3.0

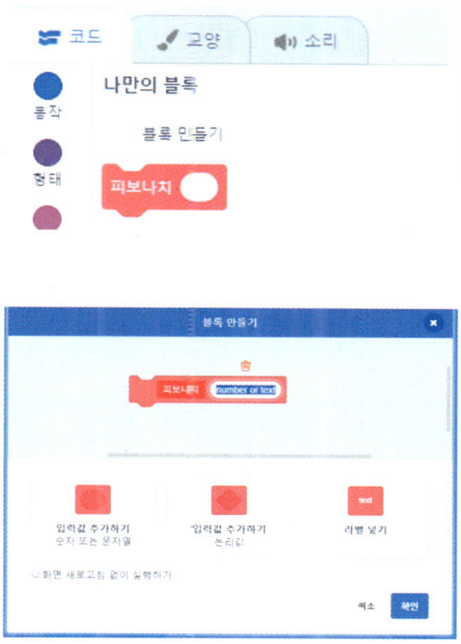

Note

COS(Coding Specialist) 소개

1. COS란

COS(Coding Specialist)란? Scratch, Entry(블록코딩)에 대한 자격증으로 높은 수준의 프로그래밍 활용능력이 있음을 증명 할 수 있습니다.

COS(Coding Specialist)는 시작부터 종료까지 100% 컴퓨터상에서 진행되는 CBT(Computer Based Test)로 평가 방식이 정확함은 물론 시험 종료 즉시 시험 결과를 알 수 있습니다.

2. 자격증 종류 및 Level

- Scratch, Entry 프로그램 중에서 자유롭게 등급을 선택하여 응시할 수 있습니다.
- 합격점수는 1,000점 만점으로 시험 종료 후 바로 성적표가 발급되며 합격점수는 등급별로 다릅니다.

1) 자격증 등급

자격종목	등급	검정방법	검정시행 형태	합격기준
Coding Specialist	1급 / Advanced	실기시험	10문제(실기) 시험시간 : 50분	700점 이상
	2급 / Intermediate		10문제(실기) 시험시간 : 50분	600점 이상
	3급/ Basic		10문제(실기) 시험시간 : 40분	600점 이상
	4급/ Start		10문제(실기) 시험시간 : 40분	600점 이상

2) 과목별 평가 항목

자격종목	등급	검정기준
Coding Specialist	1급 / Advanced	* 화면구현 : 화면 구성, IDE 도구 활용 * 프로그램구현 : 개발 도구의 이해, 변수, 리스트, 함수, 스프라이트 활용, 반복문과 조건문, 연산자 활용, 난수, 멀티미디어 활용, 소프트웨어 테스트, 공통모듈, 소스코드 검토 및 디버깅, 성능개선, 알고리즘
	2급 / Intermediate	* 화면구현 : 화면 구성, IDE 도구 활용 * 프로그램구현 : 개발도구의 이해, 변수, 리스트, 함수, 스프라이트 활용, 반복문과 조건문, 연산자 활용, 난수, 멀티미디어 활용 소프트웨어 테스트, 공통모듈, 소스코드 검토 및 디버깅, 성능개선, 순서도
	3급/ Basic	* 화면구현 : 화면 구성, IDE 도구 활용 * 프로그램그램구현 : 프로그래밍 도구 활용, 변수, 스프라이트 활용, 반복문과 조건문, 연산자 활용, 난수, 멀티미디어 활용, 스프라이트 제어, 애니메이션 효과, 좌표이해, 소스코드 검토 및 디버깅
	4급/ Start	* 화면구현 : 화면 구성, IDE 도구 활용 * 프로그램구현 : 프로그래밍 도구 활용, 스프라이트 제어, 반복문, 조건문, 연산자 활용, 멀티미디어 활용

3) 시험별 응시료

자격종목	등급	시험응시 검정료
Coding Specialist	1급 / Advanced	₩ 25,000
	2급 / Intermediate	₩ 23,000
	3급/ Basic	₩ 20,000
	4급/ Start	₩ 20,000
	자격증 발급 비용	₩ 4,500

Note

4) COS 정기시험 일정

시험일자 및 시간, 접수기간은 ybmit.com 사이트를 참조

3. 시험화면 구성 예시

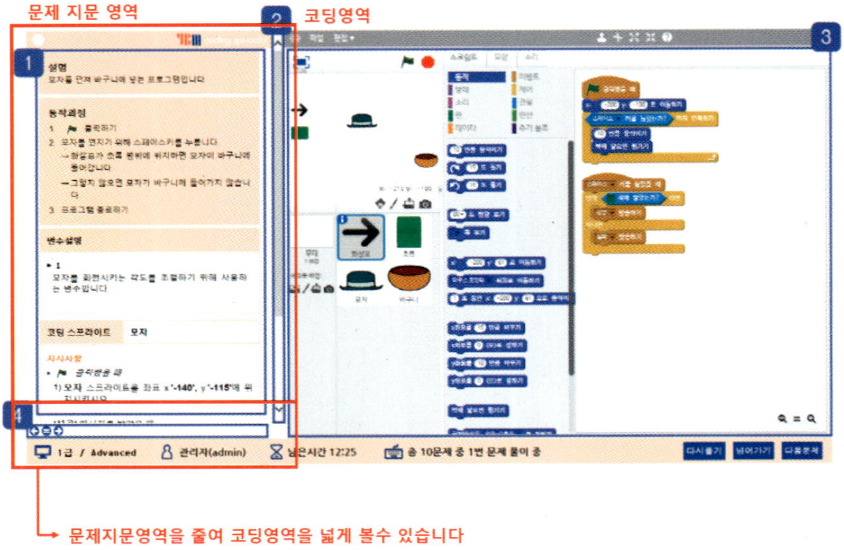

총 10문제 중에 현재 풀이 번호가 나타납니다. 건너뛴 문제는 건너뜀으로 표시됩니다.
다시풀기 : 현재 문제만 다시 풀어봅니다 넘어가기 : 현재 문제를 다음 번에 다시 풀어봅니다(풀이 정보는 저장되지 않습니다) 다음문제 : 현재 문제를 채점합니다 (이 문제는 다시 풀어볼 수 없습니다)

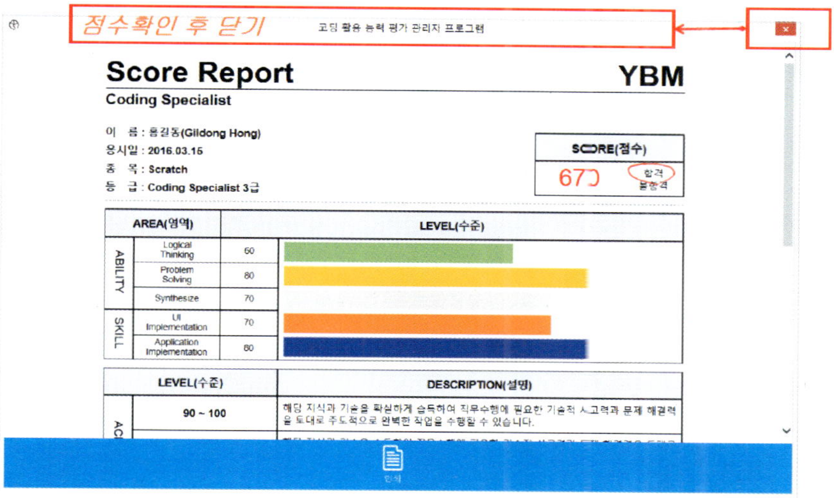

4. 샘플 테스트 문제

YBMIT 사이트(https://www.ybmit.com/cos/cos_sam.jsp)에 접속해 Coding Specialist 2급 Scratch 샘플문제(지문, 소스, 정답)를 다운로드하여 풀어볼 수 있다.

※ 출처 : http://www.ybmit.com

Note

모의고사 1회

COS 2급

문제 1

설명

까마귀가 날면 배가 떨어지는 프로그램입니다.

동작과정

1. 클릭하면
   → 나뭇가지에 앉아있던 까마귀가 날아갑니다.
   → 까마귀가 날자 나뭇가지에 달린 배가 떨어집니다.
2. 프로그램 종료하기

코딩 스프라이트	까마귀

지시사항

▶ 클릭했을 때

1) 까마귀 스프라이트를 보이게 한 후, '90'도 방향을 보게 하시오.
2) 까마귀 스프라이트의 좌표를 x: '70', y:'110'에 위치시키시오.
3) 모양을 '까마귀1'로 바꾸고, 동작 추가 블록을 실행시키시오.

▶ '날기' 메시지를 받았을 때

1) 모양을 '까마귀2'로 바꾸고, '0.1'초 기다린 후, 모양을 '까마귀3'으로 바꾸고, '0.1'초 기다리기를 '15'번 반복시키시오.

유의사항

지시사항에서 설명한 블록만 이용하시오.

문제 2

설명

움직이는 구름을 클릭하면 풍차 날개가 회전하는 프로그램입니다.

동작과정

1.  클릭하면

→ 구름이 오른쪽에서 왼쪽으로 움직입니다.

▶이 때 구름을 클릭하면 풍차 날개가 반시계 방향으로 회전합니다.

2. 프로그램 종료하기

코딩 스프라이트	바람

지시사항

▶ '바람' 메시지를 받았을 때

1) 다음 내용을 순서대로 작성하시오.

① 바람 스프라이트를 보이게 하시오.

② 바람 스프라이트를 맨 앞으로 오도록 하시오.

③ 구름 스프라이트 위치를 이동하시오.

④ x좌표를 '-50'만큼 바꾸시오.

⑤ y좌표를 '-3-'만큼 바꾸시오.

유의사항

지시사항에서 설명한 블록만 이용하시오.

Note

Note

문제 3

설명

농구공을 던져 바구니에 넣는 프로그램

동작과정

1. 🏴 클릭하기
2. 농구공을 던지기 위해 스페이스 키를 누릅니다.
 → 화살표가 초록 범위에 위치하면 농구공이 바구니에 들어갑니다.
 → 그렇지 않으면 농구공이 바구니에 들어가지 않습니다.
3. 프로그램 종료

변수설명

▶ N : 농구공을 회전시키는 각도를 조절하기 위해 사용하는 변수

코딩스프라이트	농구공

지시사항

▶ 🏴 클릭했을 때

1) 농구공 스프라이트를 좌표 X:-140, Y:-115에 위치시키시오.

▶ 실패 메시지를 받았을 때

다음 지시사항을 순서대로 '60'번 반복시키시오.

1) N변수를 '6'만큼 바꾸시오.
2) 농구공 스프라이트를 시계방향으로 N변수만큼 회전시키시오.

유의사항

지시사항에 설명한 블록만 이용하시오.

문제 4

설명

나비를 잡는 프로그램입니다.

동작과정

1.  클릭하면
   → 나뭇잎 위에 나비와 애벌레가 보입니다.
   → 나비를 클릭하면 나비가 날아갑니다.
   → 애벌레를 클릭하면 모양이 바뀌고, 나비가 되어 날아갑니다.
2. 프로그램 종료하기

코딩 스프라이트	애벌레

지시사항

▶ 이 스프라이트를 클릭했을 때

1) 모양을 '애벌레2'로 바꾸시오.
2) '1'초 기다린 후 숨기시오.
3) '도망'메시지를 방송하시오.

▶ '도망' 메시지를 받았을 때

1) '나비'가 복제되도록 수정하시오.

유의사항

지시사항에서 설명한 블록만 이용하시오.

Note

Note

문제 5

설명

고양이가 발판을 밟고 가는 프로그램입니다.

동작과정

1. [깃발] 클릭하면
   → 고양이가 발판 위를 점프합니다.
   → 고양이가 발판에 닿았을 때 오른쪽 화살표(→)를 누르면 고양이는 점프를 하고, 발판이 오른쪽에서 왼쪽으로 이동합니다.
2. 프로그램 종료하기

변수설명

▶ N

발판의 x좌표가 바뀌도록 하는 변수입니다.

코딩 스프라이트	발판

지시사항

▶ 오른쪽 화살표 키를 눌렀을 때

1) 고양이 스프라이트의 y좌표가 '-50'보다 작으면 이동 메시지를 방송하고, '0.5'초 동안 좌표 x: 'x좌표-150', y: '-130'으로 움직인 다음 벽 닿음 추가블록을 실행하시오.

유의사항

지시사항에서 설명한 블록만 이용하시오.

문제 6

설명 상자를 클릭하면 선물을 보여주는 프로그램	
동작과정 1. 🏁 클릭하면 무대에 상자 1개가 보임 →상자에는 머플러, 기타, 신발, 세 가지 선물 중 한 가지가 무작위로 들어있음. →상자를 클릭하면 선물을 보여줌 2. 프로그램 종료하기	
변수설명 ▶ 생성 : 세 가지의 선물 중 한 가지가 상자에서 나오도록 하는 변수	
코딩스프라이트	상자
지시사항 ▶ 이 스프라이트를 클릭했을 때 1) 선택 메시지를 방송하고 숨기시오 **유의사항** 지시사항에 설명한 블록만 이용하시오.	
코딩스프라이트	선물
지시사항 ▶ 🏁 클릭했을 때 1) 생성 변수를 1부터 3 사이의 난수로 정하시오. **유의사항** 지시사항에 설명한 블록만 이용하시오.	

Note

Note

문제 7

설명

자동차가 도로를 주행하는 프로그램입니다.

동작과정

1. (깃발) 클릭하면

→ 자동차가 앞으로 움직입니다.

→ 방향키(↑, ↓)를 눌러 반대편에서 오는 빨강차를 피합니다.

→ 빨강차와 부딪히면 멈춥니다.

2. 프로그램 종료하기

변수설명

▶ 위치

빨강차가 무작위의 위치에서 나타나도록 하기 위한 변수입니다.

코딩 스프라이트	빨강차

지시사항

▶ 다음 내용을 순서대로 코딩 추가블록을 완성하시오.

1) 위치 변수가 '1'이면 빨강차 스프라이트의 좌표를 x:'210', y:'-110'로 이동시키시오.

2) 위치 변수가 '2'이면 빨강차 스프라이트의 좌표를 x:'210', y:'-75'로 이동시키시오.

3) 빨강차 스프라이트가 '0.5'부터 '1'사이의 난수 초 동안 x:'-210', y:'y좌표'로 움직이게 하시오.

유의사항

지시사항에서 설명한 블록만 이용하시오.

문제 8

설명

뽕망치로 두더지를 잡는 프로그램입니다.

동작과정

1.  클릭하면

→ 두더지가 무작위의 위치에서 나옵니다.

2. 마우스 포인터를 따라 뽕망치가 움직입니다.
3. 마우스를 클릭하여 뽕망치로 두더지를 때립니다.

→ 두더지를 때리면 모양이 바뀌면서 사라지고 점수가 100점 올라갑니다.

→ 때리지 못하면 사라집니다.

4. 프로그램 종료하기

변수설명

▶ 위치

두더지가 무작위의 위치에서 나타나도록 하는 변수입니다.

▶ 점수

뽕망치로 두더지를 잡으면 100점씩 증가하는 변수입니다.

코딩 스프라이트	두더지

지시사항

▶ 두더지 추가블록

1) 다음 지시사항을 순서대로 두더지 추가블록 스크립트를 완성하시오.

① 위치 변수를 '1'부터 '3'사이의 난수로 정하시오.

② 위치 변수가 '1'이면 좌표를 x: '-170', y: '40'으로 이동하시오.

③ 위치 변수가 '2'이면 좌표를 x: '-10', y:'40'으로 이동하시오.

④ 위치 변수가 '3'이면 좌표를 x: '150', y:'40'으르 이동하시오.

유의사항

보기블록 스프라이트에 주어진 블록만 이용하시오.

Note

Note

문제 9

설명

리스트에 저장된 값들 중에서 최대값을 찾는 프로그램

동작과정

1. 🏴 클릭하기

→ 생성 리스트에 1부터 100사이의 난수 10개가 저장됩니다.

→ 생성 리스트에서 최대값을 검색합니다.

→ 고양이가 최대값을 말합니다.

2. 프로그램 종료

변수설명

▶ N : 리스트에 저장된 값을 검색하기 위해 사용하는 변수

▶ 최대값 : 리스트에 저장된 값 중에서 최대값을 저장하는 변수

코딩스프라이트	고양이

지시사항

▶ 🏴 클릭했을 때

1) 1부터 100사이의 난수 10개를 생성 리스트에 추가하시오.

▶ 계산 추가블록

1) 생성 리스트에서 최대값을 찾을 수 있도록 N변수를 1만큼 바꾸는 블록을 필요한 위치에 추가하시오.

유의사항

보기블록 스프라이트에 주어진 블록만 이용하시오.

모의고사 2회

COS 2급

문제 1

설명

처음 두 항은 1이고, 세 번째 항부터는 바로 앞의 두 항의 합이 되는 피보나치 수열을 만드는 프로그램입니다.

동작과정

1.  클릭하면
   → 리스트의 첫 번째 데이터에 1을 삽입한다.
   → 리스트의 두 번째 데이터에 1을 삽입한다.
   → 리스트의 세 번째 데이터에 앞 두 데이터 값의 합을 삽입합니다.
   ▶위의 과정을 리스트의 데이터 수가 12개가 될 때까지 반복합니다.
2. 프로그램 종료하기

변수설명

▶ N

리스트의 값을 검색하기 위해 사용하는 변수입니다.

코딩스프라이트	고양이

지시사항

▶  클릭했을 때

1) 피보나치 수열 리스트의 첫 번째 데이터와 두 번째 데이터에 각각 '1'이 입력되어 있습니다. 피보나치 수열의 세 번째 항부터 열두 번째 항의 값을 삽입하는 스크립트를 완성하시오.

유의사항

스크립트 영역에 주어진 블록만 이용하시오.

Note

Note

문제 2

<table>
<tr><td colspan="2">

설명

버스에 탄 승객의 요금을 계산하는 프로그램

</td></tr>
<tr><td colspan="2">

동작과정

1 🏴 클릭하면

→ 승객 10명이 리스트에 무작위로 입력됩니다.

→ 대상(어린이, 청소년, 성인)에 따라 버스 요금을 계산합니다.

2. 프로그램 종료

</td></tr>
<tr><td colspan="2">

변수설명

▶ 대상 : 승객 리스트에 어린이, 청소년, 성인 중 한 가지를 저장하기 위해 사용하는 변수

▶ 요금 : 버스요금을 계산하여 저장하는 변수

</td></tr>
<tr><td>코딩스프라이트</td><td>고양이</td></tr>
<tr><td colspan="2">

지시사항

▶ 🏴 클릭했을 때

다음 지시사항을 순서대로 10번 반복하는 스크립트를 완성하시오.

1) 대상 변수를 1부터 3사이의 난수로 정하시오.

2) 대상=1이면 '어린이' 항목을 승객 리스트에 추가하고 요금 변수를 '500'만큼 바꾸시오.

3) 대상=2이면 '청소년' 항목을 승객 리스트에 추가하고 요금 변수를 '900'만큼 바꾸시오.

4) 대상=3이면 '성인' 항목을 승객 리스트에 추가하고 요금 변수를 '1200'만큼 바꾸시오.

유의사항

지시사항에 설명한 블록과 보기블록 스프라이트에 주어진 블록만 이용하시오.

</td></tr>
</table>

문제 3

설명

1부터 100까지의 수 중에서 무작위 10개 수의 평균을 계산하는 프로그램입니다.

동작과정

1. [깃발] 클릭하면
   - → 1부터 100까지의 수중에서 무작위로 10개의 수를 만듭니다.
   - → 평균을 계산합니다.
   - → 고양이가 계산결과를 말합니다.
2. 프로그램 종료하기

변수설명

▶ I : 반복문에 사용되는 변수입니다.
▶ 평균 : 리스트의 평균이 저장되는 변수입니다.
▶ 합 : 리스트의 합이 저장되는 변수입니다.

코딩스프라이트	고양이

지시사항

▶ [깃발] 클릭했을 때

1) 순서도를 참고하여 평균 추가블록을 완성하시오.

유의사항

보기블록 스프라이트에 주어진 블록만 이용하시오.

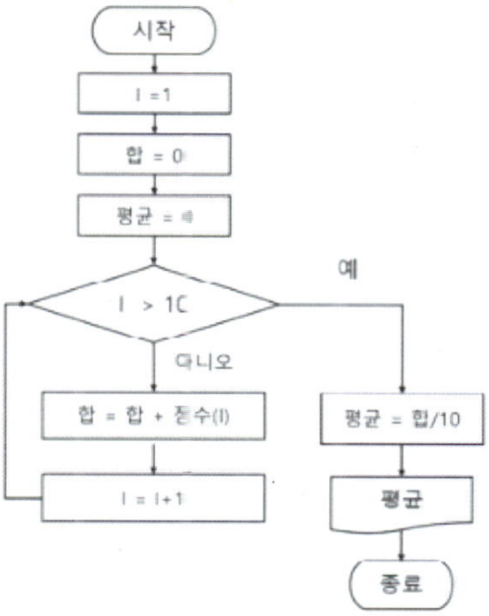

Note

문제 4

설명

리스트에 1부터 100사이의 무작위 숫자 10개 저장되어 있습니다. 이 중에서 짝수의 개수를 알려주는 프로그램입니다.

동작과정

1.  클릭하면
   → 리스트에 1부터 100사이의 무작위 숫자가 10개가 저장됩니다.
   → 고양이가 리스트에 저장된 숫자 중에서 짝수의 개수를 말합니다.
2. 프로그램 종료하기

변수설명

▶ N : 리스트의 값을 검색하기 위해 사용하는 변수입니다.

▶ 짝수 : 짝수의 개수를 저장하는 변수입니다.

코딩스프라이트	고양이

지시사항

▶ 계산 추가블록

1) 순서도를 참고하여 리스트에 저장된 짝수의 개수를 말하는 스크립트를 작성하시오.

유의사항

지시사항에서 설명한 블록만 이용하시오.

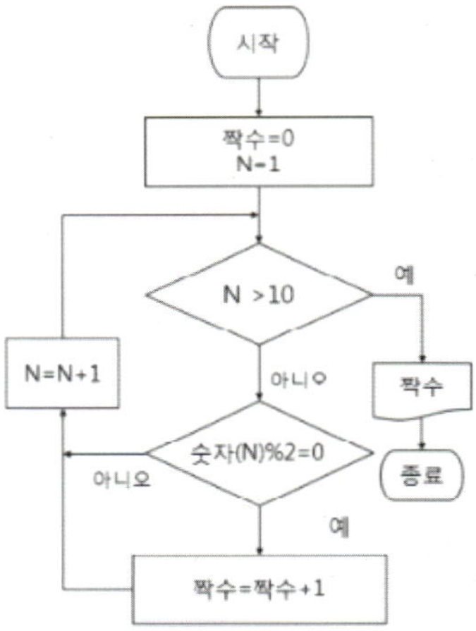

문제 5

설명

1부터 100까지의 수들 중에서 홀수와 3의 배수인 수들의 합을 계산하는 프로그램

동작과정

1. 🏴 클릭하면
   →1부터 100까지의 수 중에서 홀수 또는 2의 배수인 수들의 합을 계산합니다.
2. 프로그램 종료

※ 참고 : 3의 경우 홀수이면서 3의 배수입니다. 따라서 3은 중복하여 합산하여야 하며 그 계산결과는 7이 됩니다.

변수설명

▶ N : 1부터 100까지의 수가 홀수와 3의 배수인지를 판단하기 위해 사용하는 변수

▶ 합 : 홀수와 3의 배수인 수들의 합을 계산하여 저장하는 변수

코딩스프라이트	고양이

지시사항

▶ 계산 추가블록

1) 1부터 100까지의 수 중에서 홀수 또는 3의 배수인 수들의 합을 말하는 스크립트를 완성하시오.

유의사항

주어진 변수를 이용하되 계산 추가블록 스크립트는 자유롭게 완성하시오.

Note

Note

문제 6

설명

로켓을 발사하는 프로그램입니다.

동작과정

1. 클릭하면
   - → 게이지가 1부터 10까지 좌우로 움직입니다.
   - → 게이지가 9이상일 때 스페이스 키를 누르면 로켓이 무대 위로 사라집니다.
     - ▶그렇지 않으면 로켓이 무대 위로 움직이다가 방향을 바꿔 무대 아래로 사라집니다.
2. 프로그램 종료하기

변수설명

▶ 힘 : 힘이 저장되는 변수입니다.

코딩스프라이트	게이지

지시사항

▶ 클릭했을 때

1) 스페이스 키를 누를 때 까지 다음 모양으로 바꾼 후 '0.5'초 기다리기를 반복하시오.

유의사항

스크립트 영역에 주어진 블록만 이용하시오.

코딩스프라이트	로켓

지시사항

▶ 스페이스 키를 눌렀을 때

1) '힘>8'이면 성공 추가블록을 실행시키고, 그렇지 않으면 실패 추가블록을 실행하시오.

유의사항

지시사항에서 설명한 블록만 이용하시오.

문제 7

설명

평행선을 그리는 프로그램입니다.

동작과정

1.  클릭하기

2. 그리고 싶은 평행선의 수(1~5)를 입력합니다.

   → 길이가 200인 직선을 그립니다.

   → 입력한 수 만큼의 평행선을 그립니다.

2. 프로그램 종료하기

변수설명

▶ N

평행선을 그리기 위해 사용하는 변수입니다.

▶ 길이

직선의 길이가 200을 저장하고 있는 변수입니다.

▶ 평행선

그리고 평행선의 수를 입력받아 저장하는 변수입니다.

코딩스프라이트	고양이

지시사항

▶ 그리기 추가블록

1) 다음 내용을 평행선 매개변수만큼 반복하시오

① N 변수가 길이 매개변수보다 작으면

- 펜을 올리시오.
- 좌표 x: '-100', y: 'y좌표 -50' 의 위치로 이동하시오.
- 펜을 내리시오.
- 길이 매개변수만큼 움직이시오.

유의사항

지시사항에서 설명한 블록만 이용하시오.

Note

Note

문제 8

설명

10!을 계산하는 프로그램

동작과정

1. 🏁 클릭하면
   → 10!을 계산합니다.
   → 고양이가 계산 결과를 말합니다.
2. 프로그램 종료

※ 참고 : 10!=10×9×8×7×6×5×4×3×2×1

변수설명

▶ N : 팩토리얼(계승)을 계산한 값을 저장하고 있는 변수

▶ 계산 : 계산하고 싶은 팩토리얼 값을 저장하는 변수

코딩스프라이트	고양이

지시사항

▶ 🏁 클릭했을 때

1) 다음 순서도를 참고하여 10!의 값을 올바르게 계산하도록 스크립트를 완성하시오.

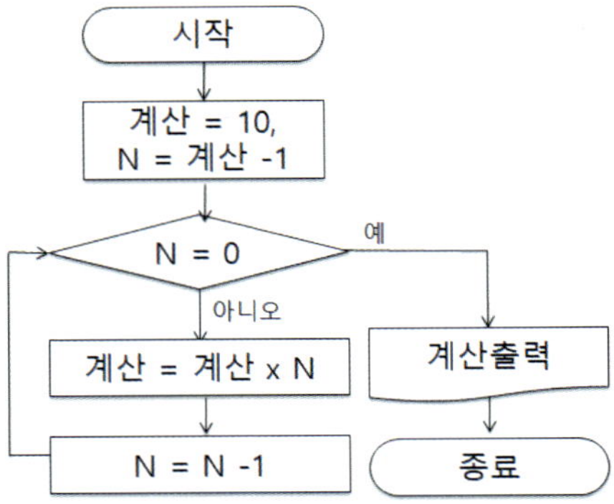

유의사항

보기블록 스프라이트에 주어진 블록을 이용하시오.

문제 9

설명

잠수부가 수영을 하는 프로그램입니다.

동작과정

1.  클릭하면

→ 잠수부가 점점 가라앉습니다.

→ 스페이스 키를 누르면 위로 뜹니다.

→ 잠수부가 바닥에 닿으면 사라집니다.

2. 프로그램 종료하기

코딩스프라이트	잠수부

지시사항

▶  클릭했을 때

1) 스페이스 키를 누를 때 까지 다음을 반복하시오.

① y좌표를 '-1'만큼 바꾸시오.

② y좌표가 '-150'이면 숨기고, 스크립트를 모두 멈추시오.

유의사항

지시사항에서 설명한 블록만 이용하시오.

Note

Note

문제 10

설명

청기백기 게임 프로그램입니다.

동작과정

1.  클릭하면
   → 펭귄이 청기와 백기 중 올릴지 내릴지 말합니다.
   → 깃발의 색에 따라 청기는 b키, 백기는 w키를 누릅니다.
   → 깃발을 올릴 때는 방향키(↑)를 누릅니다.
   → 지시한대로 누르면 점수가 100점 증가하고, 그렇지 않으면 점수가 100점 감소합니다.
2. 프로그램 종료하기

※ '청기올려': b키를 누르고 방향키(↑)를 누릅니다.

변수설명

▶ 지시 : 펭귄이 지시를 내리기 위한 변수입니다.
▶ 점수 : 점수가 저장되는 변수입니다.

코딩스프라이트	백기

지시사항

▶  클릭했을 때

1) 점수 변수가 '1,000'이 될 때까지 다음을 반복하시오.
   ① 'w'키를 누를 때까지 기다리시오.
   ② 백기 추가블록을 실행하시오.
   ③ 초기화 추가블록을 실행하시오.

▶ 백기 추가블록

1) 지시 변수가 '2'이면 점수 변수를 '100'만큼 바꾸고, 그렇지 않으면 '-100'만큼 바꾸시오.

유의사항

지시사항에서 설명한 블록만 이용하시오.

모의고사 3회

COS 2급

문제 1

설명

주어진 예시를 이용하여 값을 계산하는 프로그램

동작과정

1. 🏴 클릭하면

→ 네 자리 숫자의 각 자리의 숫자를 덧셈합니다.

→ 고양이가 계산한 결과의 값의 마지막 숫자를 말합니다.

2. 프로그램 종료

※ 예시 : '8529' 입력 → 8+5+2+9 → 24 → '4' 말하기

변수설명

▶ N : 자연수의 자리수를 판단하기 위해 사용하는 변수

▶ 합 : 계산 결과를 저장하는 변수

코딩스프라이트	고양이

지시사항

▶ 계산 추가블록

1) 네 자리 숫자의 각 자리의 숫자를 덧셈하여 계산값의 마지막 숫자를 말하도록 스크립트를 완성하시오.

유의사항

보기블록 스프라이트에 주어진 블록만 이용하시오.

Note

Note

문제 2

설명

고양이가 열쇠를 찾아가는 프로그램입니다.

동작과정

1.  클릭하면

→ 방향키(←,→)를 누르면 고양이가 좌우로 움직입니다.

→ 방향키(↑)를 누르면 고양이가 사다리를 올라갑니다.

→ 스페이스 키를 누르면 장애물을 점프합니다.

→ 장애물에 부딪히면 시작위치로 돌아갑니다.

→ 고양이가 열쇠를 잡으면 'win!'을 말합니다.

2. 프로그램 종료하기

코딩스프라이트	고양이

상황설명

방향키와 반대로 고양이가 움직이고 있습니다.

지시사항

▶ 오류가 있는 스크립트

1) '왼쪽 화살표' 키를 누르면, 왼쪽을 바라보고, '10'만큼 움직이도록 스크립트를 수정하시오.

2) '오른쪽 화살표' 키를 누르면 오른쪽을 바라보고, '10'만큼 움직이도록 스크립트를 수정하시오.

유의사항

스크립트 영역에 주어진 블록만 수정하시오.

문제 3

설명

화살표를 순서대로 눌러 포도즙을 만드는 프로그램입니다.

동작과정

1. 🏴 클릭하면
   → 네 방향을 지시하는 화살표 모양 8개가 무작위로 보입니다.
   → 제시된 화살표 모양에 맞게 키보드의 방향키(←,→,↑,↓)를 순서대로 누릅니다.
   → 제시된 8개의 모양을 순서에 맞게 누르면 나무통에 포도즙이 채워집니다.
2. 프로그램 종료하기

변수설명

▶ N : 반복문에 사용되는 변수입니다.
▶ 모양 : 화살표의 모양이 무작위로 나타나게 하는 변수입니다.
▶ 성공 : 화살표를 맞게 누르면 1씩 증가하는 변수입니다.

코딩스프라이트	화살표

상황설명

현재 무대에 보이는 여덟 개의 화살표 중 첫 번째 화살표부터 여섯 번째 화살표까지 순서대로 누르면 포도즙이 만들어지고 있습니다.

지시사항

▶ 진행 추가블록

1) 무대에서 보여지는 여덟 개의 화살표를 순서대로 누를 경우에만 나무통 스프라이트의 모양이 나무통2로 바뀌도록 스크립트를 수정하시오.

유의사항

지시사항에서 설명한 블록만 수정하시오.

Note

Note

문제 4

설명

산소와 수소가 결합하여 물이 되는 프로그램

동작과정

1.  클릭하면
 → 산소 1개와 수소 2개가 무작위로 움직입니다.
 → 산소 1개와 수소 2개가 만나면 물로 변합니다.
2. 프로그램 종료

변수설명

▶ H : 산소에 수소가 몇 개 결합되었는지 확인하는 변수

코딩스프라이트	수소1

지시사항

▶ 결합1 메시지를 받았을 때

1) 다음 지시사항을 순서대로 무한반복 시키시오.
 ① 수소1 스프라이트를 산소 스프라이트 위치로 이동시키시오.
 ② x좌표를 '20' 만큼 바꾸시오.
 ③ y좌표를 ' - 10' 만큼 바꾸시오.
 ④ 만약 H=2이면 수소1 스프라이트를 숨기시오.

유의사항

보기블록1 스프라이트에 주어진 블록만 이용하시오.

코딩스프라이트	산소

지시사항

▶ 이동 메시지를 받았을 때

1) 다음 지시사항을 순서대로 무한반복 시키시오.
 ① 산소 스프라이트가 벽에 닿으면 튕기시오.
 ② 산소 스프라이트를 시계방향으로 '-10'부터 '10' 사이의 난수 각도로 회전시키시오.

유의사항

보기블록2 스프라이트에 주어진 블록만 이용하시오.

문제 5

설명 둥지에 있는 아기제비를 구하는 프로그램입니다.

동작과정

1.  클릭하면
   - → 구렁이가 무작위의 위치에서 아기제비를 잡기위해 움직입니다.
   - → 마우스로 구렁이를 클릭하면 구렁이의 모양이 바뀌고 사라집니다.
     - ▶무작위의 위치에서 다시 구렁이가 나타납니다.
   - → 아기제비가 구렁이에 닿으면 사라집니다.
2. 프로그램 종료하기

변수설명

▶ 위치

구렁이의 위치를 결정하는 변수입니다.

코딩스프라이트	구렁이

지시사항

구렁이 스프라이트를 클릭하였지만, 구렁이가 사라지지 않고 계속 움직이고 있습니다.

▶ 이 스프라이트를 클릭했을 때

1) 구렁이 스프라이트를 클릭하면 모양이 바뀌고 사라진 후 다른 위치에서 다시 나타나도록 명령 블록 1개를 추가하여 스크립트를 완성하시오.

유의사항

지시사항에서 설명한 블록만 이용하시오.

Note

Note

문제 6

설명

주어진 공식을 이용하여 값을 계산하는 프로그램입니다.

동작과정

1. 클릭하기

2. 한 자리 숫자를 입력합니다.

→ 입력한 숫자와 입력한 숫자보다 '1' 작은 수를 서로 곱셈합니다.

→ 계산 결과 값을 리스트에 추가합니다.

→ 입력한 수를 '1' 감소시킵니다.

→ 결과 값이 '2'가 될 때까지 위의 과정을 반복합니다.

2. 프로그램 종료하기

※예시

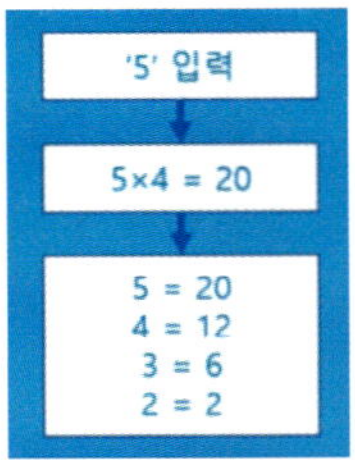

변수설명

▶ 자연수 : 자연수를 입력받아 저장하는 변수입니다.

코딩스프라이트	고양이

지시사항

▶ 클릭했을 때

1) 입력한 한 자리의 자연수와 입력값보다 '1' 작은 수의 곱을 곱 리스트에 추가하도록 필요한 블록을 추가하여 스크립트를 완성하시오.

유의사항

지시사항에서 설명한 블록만 이용하시오.

문제 7

설명

허용 전류를 초과하면 전기가 차단되는 프로그램

동작과정

1. 🏴 클릭하면

→ 전류량이 10에서 22 사이의 값으로 움직입니다.

→ 전류량이 20을 초과하면 누전차단기가 작동(ON)합니다.

2. 프로그램 종료

변수설명

▶ 전류량 : 10에서 22 사이의 값을 저장하는 변수

코딩스프라이트	누전차단기

지시사항

▶ 초기화 계산블록

1) 전류량 변수를 '0'으로 정하시오.

▶ 차단여부 추가블록

1) NUM 매개변수가 '20'을 초과하면 누전차단기 스프라이트 모양이 'ON'이 되고, 그렇지 않으면 'OFF'가 되도록 스크립트를 완성하시오.

유의사항

보기블록 스프라이트에 주어진 블록만 이용하시오.

Note

Note

문제 8

설명

주스 뚜껑을 닫는 게임프로그램입니다.

동작과정

1.  클릭하면

→ 음료병이 컨베이어벨트를 타고 이동합니다.

→ 음료병이 컨베이어벨트에서 떨어지기 전에 뚜껑을 드래그하여 음료병의 입구를 막으면 100점 증가하고, 그렇지 않으면 100점 감소합니다.

2. 프로그램 종료하기

변수설명

▶ 점수

점수가 저장되는 변수입니다.

코딩스프라이트	음료병

지시사항

▶ 확인 추가블록

1) 음료병 스프라이트의 모양이 '음료병1'이면 변경 추가블록을 실행한 후 점수 변수를 '100'점 감소시키고, 그렇지 않으면 '100'점 증가시키도록 스크립트를 수정하시오.

유의사항

지시사항에서 설명한 블록만 이용하시오.

문제 9

설명

주어진 공식을 이용하여 값을 계산하는 프로그램입니다.

동작과정

1. 클릭하기
2. 네 자릿수의 숫자를 입력합니다.
   → 입력한 각 숫자에 원이 몇 개 있는지 계산합니다.
   → 각 숫자의 원의 개수를 덧셈합니다.
   → 고양이가 최종 결과 값을 말합니다.
3. 프로그램 종료하기

※예시

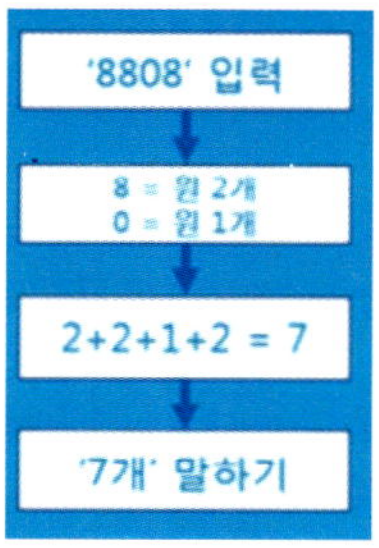

※원이 없는 수 : 1, 2, 3, 4, 5, 7
※원이 1개 포함된 수 : 0, 6, 9
※원이 2개 포함된 수 : 8

변수설명

▶ N : 네 자리의 자연수에서 자릿수를 계산하기 위해 사용되는 변수입니다.
▶ 원 : 원의 개수를 말하기 위해 사용하는 변수입니다.
▶ 자연수 : 자연수를 입력받아 저장하는 변수입니다.
▶ 조건1 : 입력한 네 자리의 자연수 중에서 '0', '6', '3', '9' 중 한 가지가 포함되어 있는지를 확인하는 변수입니다.

코딩스프라이트	고양이

지시사항

▶ 판별 추가블록

1) 입력한 네 자리의 수에서 '0' 또는 '6' 또는 '9'가 포함되어 있는 경우 원의 개수를 '1'만큼 증가시키고, '8'이 포함된 경우에는 '2'만큼 증가시키도록 블록의 위치를 변경하시오.

유의사항

지시사항에서 설명한 블록만 이용하시오.

Note

Note

문제 10

설명
369게임 프로그램

동작과정

1. 🏁 클릭하면
 → 고양이가 '삼육구~ 삼육구~'를 말합니다.
 → 1부터 숫자를 순서대로 입력합니다.
 → 3, 6, 9가 포함되는 숫자에는 '짝'을 입력합니다.
 → 잘못된 값을 입력하면 고양이가 '틀렸습니다.'를 말합니다.
 → 해당 순서의 값을 다시 입력합니다.
2. 프로그램 종료

변수설명

▶ N : 반복문에 사용되며, 판별 변수에 3, 6, 9가 포함되는지 확인할 경우 필요한 변수

▶ 판별 : 입력해야하는 숫자에 3, 6, 9가 들어가는지 판별하는 변수

코딩스프라이트	고양이

지시사항

▶ 삼육구 추가블록

1) 현재 스크립트에서 '4' 또는 '7'을 입력할 차례에 '4' 또는 '7'을 입력하면 틀렸다고 말합니다. 프로그램이 올바르게 수행되도록 잘못된 블록의 값을 수정하시오.

유의사항

지시사항에서 설명한 블록만 수정하시오.

저자 약력

서병민

한국외국어대학교 졸업(경영학박사, MIS 전공)
현) 성결대학교 교수
저서: MOS Word 2007 Expert, MOS Excel 2007 Expert, MOS PowerPoint 2007, 컴퓨터 활용실습 II (Excel 2010), 컴퓨터 활용실습 III (PowerPoint 2010), 창의 혁신과 컴퓨팅적 사고 등
연구분야: ERP, KMS, e-Learning, Digital Transformation, Blockchain & Fintech, OA 및 Computational Thinking

임순빈

성균관대학교 정보통신공학부 졸업(공학박사수료, 전자전기공학 전공)
현) (주)이레정보기술 책임연구원, 성결대학교 겸임교수
장안대학교, 한양여자대학교 외래교수
NCS 일학습병행 교재개발 및 전문위원(2016)
저서: 창의 혁신과 컴퓨팅적 사고

김보경

숙명여자대학교 졸업(교육학석사, 전자계산교육 전공)
현) (주)동광지앤티 재직, 성결대학교 겸임교수,
숭의여자대학교, 한양여자대학교, 백석문화대학교 외래교수
저서: 창의 혁신과 컴퓨팅적 사고

소프트웨어 이해와 컴퓨팅적 사고
–스크래치 3.0 활용–

2019년 02월 25일 초판 1쇄 인쇄
2019년 03월 02일 초판 1쇄 발행

저 자 : 서병민·임순빈·김보경
발행인 : 류수경
발행처 : 도서출판 영민

등 록 : 2001. 7. 16 제1-2888호
주 소 : 서울시 성북구 보문동 7가 70-1
전 화 : 02-904-7204
팩 스 : 02-921-7202

ISBN 978-89-6341-308-2 93000

21,000원